코로나19 시대의 메모

코로나19 시대의 메모

글·사진 김 요 한

새물결플러스

솔직히 코로나19 사태가 터졌을 때만 해도 상황이 이토록 장기
화될 줄은 몰랐다. 신종 바이러스의 출현이야 주기적으로 늘 있
었던 일이고, 그때마다 몇 달간 호들갑(?)을 떨다가 적당히 마무
리되었기 때문이다. 따라서 이번에도 그렇게 흘러가지 않을까
싶었다. 하지만 이제는 그 희망을 거세당했다.

희망의 반대말은 절망이다. 희망을 빼앗겼다고 해서 곧바로 절
망에 이르는 것은 아니지만, 희망을 저만치 두고 그 앞에서 철저
히 피동적으로 살 수밖에 없는 나와 우리의 현실은, 희망을 거세
당했다는 표현이 그리 과도하지 않음을 알려준다.

전문가들은 코로나19의 백신이 개발되고 광범위하게 보급되려
면 최대 몇 년 더 필요할 수 있다고 한다. 아니, 이 바이러스는 독
일어와 프랑스어의 어미 변화처럼 변종이 심해서 백신 개발이

별 의미가 없을 것이라고도 한다. 심지어 어쩌면 인류는 두고두고 이 바이러스와 공생해야 할 것이라고도 한다. 늘 그렇듯이, 전문가를 자처하는 사람들의 말은 항상 우울하다.

누구나 공감하듯, 코로나19의 발현과 습격은 우리들의 일상을 과격하게 흔들어버렸다. 그 결과 우리는 점점 더 '낯선' 세상을 살아가는 법을 하루하루 배우고 있는 실정이다. 나는 얼마 전까지만 해도 마음 한쪽에 코로나19 시대의 사회와 종교의 양태 변화에 관한 책을 하나 써볼까 하는 욕심이 있었다. 그만큼 코로나19가 가져온 변동의 폭이 깊고 넓다고 봤다. 하지만 그런 거창한 작업은 내 '깜냥'으로 감당할 수 있는 일이 아님을 깨닫는 데 필요한 시간이 그리 길지 않았다.

그 대신 2020년을 지나오면서(그래봤자 아직 2/3 지점밖에 안 왔지만) 코로나19를 통해 내가 보고, 듣고, 느꼈던 생각의 편린들을 가볍게 정리해보는 것은 가능하겠다 싶었다. 이 책에 실린 글 조각들은 그렇게 해서 모인 것들이다. 당연히 여기 실린 글들은 무슨 특별한 통찰이나 문제의식이 녹아든 것이 아니다. 그저 말 그대로 내 평범한 생각의 부스러기들이다. 그럼에도 굳이 이런 부잡한 일을 감행하는 까닭은, 개인 일기장의 낙서와 같은 이 생각

부스러기들이 내 인생의 일부를 구성하는 특별한 경험이기 때문이다. 글로 표현된 생각은 평범하지만, 그 글이 지시하는 소재와 사건들은 결코 평범하지 않았다는 뜻이다.

여기 실린 글들은 이미 독자들께서 익히 알고 있는 내용이지만 편한 마음으로 다시 복기하는 차원에서 읽어주신다면 그것만으로도 감읍할 뿐이다.

2020. 8. 31.

김요한

2019년 12월 중국 후베이성 우한에서

신종 바이러스가 발병한 이후

2020년 8월 31일 현재

전 세계에서 약 2530만 명이 감염되었고

그중 약 84만 명이 사망하였다.

아무도 이 잔인한 바이러스의 불길을 잡지 못하고 있다.

차
례

글머리 **4**

2020년이란 시간들

한국사회를 성찰함

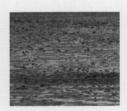

나라 밖 일들

종교의 존재 이유

2020년이란

시간들

누가 진짜 문제인가

바이러스 바이러스 바이러스,
신종 바이러스가 나타났다.
모두들 바이러스가 문제라고
바이러스 때문에 큰일 났다고
바이러스가 사람을 죽이고 경제를 망친다고 아우성이다.

바이러스의 대공습 앞에서
인간은
마치 귀청이 찢어질 듯한 사이렌 소리를 내며 달리는 앰뷸런스
를 위해
수많은 차량이 모세의 홍해 도하 기적처럼 길을 비켜주듯이
그렇게 양옆으로 도열하여 숨죽인 채 사태를 관망한다.

하지만 진짜 문제는 바이러스가 아니라 인간 자신이다.

인간이 가장 큰 문제다.

빅 히스토리와 인간

빅 히스토리(Big history)란 우주와 세계, 자연과 인간의 역사를 종합적으로 다루는 거대 담론이다.

빅 히스토리에 따르면 우주는 약 138억 년 전 빅뱅과 함께 시작되었다.

지구라는 푸른 빛깔의 행성은 약 46억 년 전에 만들어졌다.

최초의 다세포 생명체는 약 10억 년 전에 출현했다.

현생 인류의 조상인 호모 사피엔스는 약 20만 년 전에 등장했다.

우주의 역사를 하루 24시간으로 환산하면 인류의 역사는 겨우 0.03초에 불과하다.

우주에서 가장 뒤늦게 찾아온 손님인 인간이 지금 제일 위험한 존재가 되었다.

인수공통감염병

'인수공통감염병'이란 말 그대로 짐승과 인간이 함께 걸리는 전염병이다.

동물에게서 시작한 바이러스가 인간에게 옮겨와 인간을 위태롭게 하는 것이다.

현대에 와서 인수공통감염병이 흔해진 이유는 인간이 자연을 학대하고 착취했기 때문이다.

경제 개발이란 탐욕에 눈이 먼 인간이 숲과 산림을 파괴하고, 과도한 온실가스 배출 등 기후 위기를 심화시키자 지구 전역에서 자연이 신음하고 있다. 그렇게 해서 등장한 사례 중 하나가 코로나19다.

즉 이번 코로나19 사태는 인간이 자연에게 저지른 무참한 짓을 고스란히 돌려받고 있는 것, 그것이 문제의 핵심이다. 간단히 말하면 이번 사태는 인간의 '자업자득'인 셈이다.

오늘날 인류를 죽음의 공포로 몰아가고 있는 것이 사나운 맹수나 거대한 동물이 아니라, 너무 작아서 눈에 보이지도 않는 바이러스라는 사실이 참으로 아이러니하다.

크고, 높고, 화려한 문명만을 추구했던 인간이 참으로 작디작은 바이러스 앞에서 속수무책이다.

오, 인간이여! 네 주제를 알려무나.

안녕하십니까?

아침 출근길에 누군가를 만나면 의례적으로 내뱉는 인사말이다.
그동안 별생각 없이, 습관적으로, 당연한 듯이, 때로는 귀찮은 듯
이 내뱉었던 인사말이기도 하다.
"안녕하십니까?"

하지만 요즘은 정말 진심을 담아 묻게 된다.
"참으로 안녕하신 겁니까?"

이 글을 읽는 여러분은 지금 안녕하십니까?
제발 안녕하시길 바랍니다.
꼭 안녕하시길 기도합니다.

기로에 선 인류

인디언들은 말을 타고 대초원을 달리다가 중간중간 잠시 멈춰
섰다고 한다.
그 이유는, 자기 영혼이 잘 따라오고 있는지 확인하기 위해서
라고.

성장인가, 성찰인가?
신종 바이러스로 포장된 자연의 대반격 앞에서
지금 인류는 무엇을 선택할지 기로에 서 있다.
당신은 무엇을 택할 것인가?

거리두기

2020년에 새롭게 탄생한 단어는 '사회적 거리두기'다. 신종 바이러스 감염을 최소화하기 위해서 사람과 사람 사이에 일정한 거리를 두고 생활하자는 취지다. 혹자는 코로나19 팬데믹을 극복하려면 사회적으로는 더욱 연대하고 단지 공간상의 거리만을 유지해야 한다며 사회적 거리두기 대신에 물리적 거리두기란 말을 쓰자고 제안했다. 허나 용어가 무엇이든 간에 사람들은 이 말에 담긴 뜻을 잘 안다.

그동안 우리는 왠지 '거리두기'란 말에 일말의 거부감을 가졌던 것이 사실이다. 어떤 사람 혹은 사물에 대해 '거리감이 느껴진다'는 말은 그리 좋은 어감이 아니었다. 사람과 사람 사이에 거리가 멀어진다는 이야기는 피차 남남이 된다는 뜻과 매한가지였다. 그래서 우리는 사랑과 우정이란 미명하에 더욱 밀착하려고 했다.

하지만 사람은 본래 적당한 거리를 유지해야만 건강하게 살 수 있는 존재다. 사람을 뜻하는 한자어 '인간'(人間)이 이 점을 잘 지시한다. 인간이란 존재는 '사이를 가진' 존재다. 그러니 애초부터 인간은 서로 적합한 거리를 지녀야 '제 숨'을 쉬고 살 수 있다. 사람과 사람 사이에 거리가 너무 멀면 숨이 허전하다. 반대로 사람과 사람 사이에 거리가 지나치게 가까우면 숨이 막힌다. 너무 가까우면 집착이 되고, 너무 멀면 소외가 일어난다. 그래서 우리는 멀어졌다 싶으면 그리워하고, 가까워졌다 싶으면 탈출을 꿈꾼다.

코로나19 팬데믹은 우리에게 삶에 필요한 '적절한 거리'가 얼마큼인지를 성찰해보라고 말한다. 거짓 나와 참 나 사이에, 나와 가족 사이에, 나와 이웃 사이에, 나와 물질문명 사이에 '제 숨'을 쉬고 살 수 있는 거리가 무엇인지를 성찰해보라고 권한다.

혹시 누군가와 너무 멀어졌으면 오랜만에 연락을 취해보면 어떨까? 혹시 너무 밀착했으면 잠시 홀로 여행을 떠나는 것은 어떨까?

하늘과 땅도 사이가 있고, 나무와 풀도 그러하며, 꽃과 나비도 마냥 엉켜 붙어 살지는 않는다. 우주의 삼라만상이 모두 제 '거리'를 갖고 있다. 하물며 인간이랴.

사람아! 너의 이름은 '사이를 띈' 존재니라.

아이디어

코로나19 사태 와중에 대한민국이 개발하여 선을 보인 기막힌 신종 상품 하나는 '드라이브스루'(drive-through·승차 검진)형 선별 진료소였다. 드라이브스루는 본래 자동차에 탑승한 채 햄버거나 커피 등을 손쉽게 사기 위한 방편인데, 이를 바이러스 감염자를 찾아내는 데 응용한 것이었다. 지금 생각해도 기가 막힌 아이디어였다.

신은 무에서 유를 창조하고, 인간은 유에서 유를 창조한다. 창조적인 아이디어 하나가 대한민국의 방역 능력을 크게 향상시켰다.

하늘과 땅

코로나19 사태 초기에 공장이 멈추고 차량 행렬이 뜸해지자 불현듯 '파아~란 하늘'이 제 얼굴을 드러냈다.

눈부시게 파아~란 하늘을 바라보며 잠시나마 사람들은 행복을 느꼈다. 그리고 물질문명에 대한 반성을 쏟아내기 시작했다.

그러나 이내 사람들은 고단한 땅의 현실을 어떻게 살아낼지에 생각이 미치자, 공장이 멈추고 차량 행렬이 뜸해져서 먹고 살기가 막막하다고 투덜거리기 시작했다.

사람들은 하늘을 바라볼 때 '탄성'을 내지르지만
땅을 쳐다볼 때 '탄식'한다.

미신

2020년 초 코로나19가 빠른 속도로 세계를 덮칠 때, 사람들은 왜 세계 제2위의 인구 대국 인도에서는 확진자가 나오지 않는가를 궁금해했다.
그때 어떤 이들이 자못 진지한 어조로 말했다.

"인도 사람들은 평소 카레를 많이 먹기 때문에 코로나19에 감염되지 않는 것이 분명하다. 카레에는 무슨 특별한 항바이러스 성분이 있는 게 틀림없다."

물론 완전히 헛소리였다.
이 글을 쓰는 8월 하순 현재 인도에서만 코로나19 사망자가 약 6만 명 이상 나왔다는 뉴스들이 있다.

현재 인도는 세계 5위권의 사망률을 기록하고 있다.

코로나19가 창궐한 2020년에 우리가 가장 많이 목도한 것 중 하나는 바로 '미신'의 창궐이었다.
동물은 바이러스를 인간에게 옮겼지만, 인간은 다른 인간에게 미신을 옮겼다.
미신의 창궐은 지금도 현재 진행형이다.

혐오의 범람

2019년 11월 중국 우한에서 원인 모를 폐렴 증세가 처음 발견되었을 때 많은 사람들이 '중국인의 야만적 습속'에 대한 혐오의 말들을 거침없이 토해냈다. 그것은 마치 양쪽 날이 잘 갈아진 흉기와 같았다.

이후 그 폐렴 증세의 정체가 코로나19라는 것이 알려지고, 그 바이러스가 국경을 통과해서 대구 경북 지역에 상륙하자, 혐오란 이름의 흉기는 그 지역의 사람들을 마구 할퀴고 찌르기 시작했다.

이어서 그 흉기는 다른 도시로, 종교로, 정당으로, 특정 인종과 민족으로 파고들며 마구마구 사람들을 죽이기 시작했다. 혐오가 이곳에서 저곳으로 옮겨 가는 데는 통행증도 여권도 비자도 전혀 필요 없었다. 그저 누구든 그놈에게 걸리기만 하면 인생이 부서지고 삶이 산산조각 났다.

코로나19를 막아보겠다고 세계 각국의 정부가 도시와 마을을 차단하고 봉쇄했지만 어느 누구도 혐오가 지나가는 길을 막을 수는 없었다.
마치 신자유주의와 세계화가 당장이라도 종말을 고하는 것처럼 보였던 시절에도, 오직 혐오만이 세계화의 효과를 톡톡히 누린 듯했다.

그는 누구인가?

바이러스에 감염된 대다수의 사람들은 범죄자가 아니라 피해자다.

우리는 이런 가장 기본적인 사실을 너무 자주 망각하고 있다.

정은경이란 사람

정은경 질병관리본부장은 소박하기 이를 데 없다.

그녀는 화장을 도드라지게 하고 카메라 앞에 서는 법이 없다.

옷은 항상 방역 공무원 복장이다.

말을 할 때 목소리 톤을 높이는 법도 없다.

표정의 변화도 없다.

자기 감정을 드러내거나 정치적 수사를 쓰지도 않는다.

구구절절 변명하는 법은 더더욱 없다.

그녀는 없는 게 참 많다.

하지만

모든 국민이 그녀를 굳건히 믿는다.

그녀에게는 신뢰가 있다.

성자와 성녀들

2020년 3월과 4월,

대한민국 대구와 경북 지역의 병원에는 수많은 알베르트 슈바이처와 마더 테레사가 있었다.

공기가 전혀 통하지 않는 육중한 방호복으로 중무장하고 흐르는 땀방울을 주체하지 못하는 상태에서도 단 한 명의 환자라도 더 살리기 위해 사투를 벌인 의료진이 바로 그들이다.

어떤 선물

2020년 봄,

대구에서 의료진이 자신을 '갈아 넣어' 가며 환자 치료에 여념이 없을 때 일이라고 한다.

2014년 봄,

그때 일어났던 세월호 참사로 인해 눈에 넣어도 안 아픈 자녀를 잃은 안산의 '은화, 다윤' 엄마가 '힘내세요'라며 보내준 핸드크림이 의료진들에게 너무나 큰 격려와 위로가 되었다는 기사를 읽은 적이 있다.

그 뉴스를 읽으며 나는 정말 코끝이 찡했다.

선한 거짓말

코로나19 감염자가 폭발적으로 늘어나던 시기에 대구 경북 지역의 주요 병원 중환자실은 그야말로 전쟁터를 방불케 했다고 한다.

환자들 중 어떤 이는 병세가 심각해서 각종 수치만을 놓고 볼 때 도저히 승산이 없는 경우도 적지 않았다고 한다. 도저히 고통을 못 이긴 환자들은 의료진을 붙잡고서 눈물을 글썽이며 "제발 살려달라"고 애원했다고 한다.

그럴 때마다 의료인들은 별 가망이 없다는 것을 누구보다 잘 알고 있으면서도, "걱정 마세요, 안 죽어요, 제가 꼭 살려드릴게요"라고 거짓말을 할 수밖에 없었다고 토로했다.

그 상황에서는, 그 말이 최선이었다.

세상에서 몇 손가락 안에 꼽히는 선한 거짓말이었다.

살다 보면 때때로 악한 진실보다 선한 거짓말이 사람에게 평화를 선물한다.

를 선물한다.

우리 시대의 사랑법

사람은 다 똑같다.

누군가와 사랑에 빠지면,

자주 만나고 싶고,

달콤한 대화를 나누고 싶고,

마침내 스킨십을 꿈꾼다.

하지만 코로나19 시대는 사랑의 정의를 전복시켰다.

누군가를 사랑하면,

가급적 만나지 말고,

만나도 오래 이야기를 나누지 말며,

최대한 신체 접촉을 피하라고 한다.

이 시대의 사랑은

서로 달라붙는 게 아니라

서로 밀어내는 것이다.

사랑은 마치 유동하는 액체처럼

자유롭게 형체를 변형한다.

어쩌면 고정불변의 형체를 지닌 것은

사랑이 아닐 수도 있다.

최소한 2020년에는 그렇다.

마스크의 변신

코로나19로 인해 마스크의 위상과 쓰임새가 완전히 바뀌었다.
기존에 마스크를 착용한 사람은 대개 위험 인물로 간주되었다.
마스크는 살인자, 강도, 테러리스트, 반체제 인사의 상징과 같았
었다.
혹은 마스크는 (청소, 건설 노동자의 경우처럼) 저임금-고위험 노동
의 표상처럼 여겨졌다. 하지만 이제 상황이 완전히 달라졌다.
과거에는 마스크를 쓴 사람이 위험한 인물로 간주되었지만, 지
금은 마스크를 쓴 사람이 가장 안전한 존재로 여겨진다.
마스크!
인류 역사에서 이토록 단기간에 이미지 세탁에 성공한 사례가
또 있을까.

어떤 트라우마

한국인들이 마스크를 쓰고 물리적 거리두기를 적극 실천한 데는
전체의 안녕을 위해 개인의 도리를 다하는 어떤 사회·문화적 기
제들이 종합적으로 작용했을 것이다.

그리고 여기에 더해, 어쩌면 세월호 참사 이후 자기 목숨은 스스
로 알아서 지켜야 한다는 내면화된 집단 트라우마가 한몫을 했
을지도 모를 일이다.

기회 포착

코로나19 쇼크 속에서 뜻밖에도 성형수술을 받는 사람들의 수가 늘었다는 이야기를 들었다.

그 이유는? 평소에 성형수술(시술 포함)을 받으면 당분간 외출 시에 마스크를 착용해야 하므로 주변의 시선이 은근히 부담스러운 데 반해, 코로나19 팬데믹 상황에서는 전 국민이 마스크를 착용한 관계로 눈에 띌 염려가 없어 지금이야말로 성형수술을 받기에 최적의 시기여서라고 한다.

진짜일까?

그 동네 사정을 잘 모르는 나로서는 사실을 확인할 길이 없다.

다만, 사람은 역시 기회를 잘 포착해야 한다는 것은 알 것 같다.

한국사회의 톱니바퀴는 누가 돌리는가

사회적(물리적) 거리두기가 강화되자 많은 사람들이 집에서 무료한(?) 시간을 보내는 사이에도, 택배 노동자들과 각종 배달 노동자들은 쉬지 않고 '달렸다.' 버스도 지하철도 기차도 계속 '달렸다.'

누군가는 쉬고, 누군가는 달렸다.

그 와중에 자신을 갈아 넣어 가며 달리던 누군가가 감염이 되면, 집에서 쉬던 대다수의 누군가들이 일제히 목소리를 높여 그에게 비난과 혐오의 말들을 쏟아냈다.

그럼에도 어떤 누군가들은 계속 달릴 수밖에 없었다. 왜냐하면 그래야만 한국이란 시스템이 달리니깐.

온라인 강의

지인 교수님께 들은 이야기다. 내년이 정년 퇴임인 그 교수님은 올해 동영상을 제작하여 온라인으로 송출하는 수업을 준비하면서 정말 고생했다고 한다. 문과 과목을 가르치는 데다, 결코 적지 않은 나이에, 난생처음 컴퓨터로 영상 수업을 제작하는 것이 너무 힘들었던 까닭이다. 그래서 한동안 수업 준비만 생각하면 마음이 몹시 불편하고 짜증이 났다 한다.

그런데 어느 날 우연히 같은 학교의 무용과 교수님이 카메라가 장착된 노트북 앞에서 홀로 춤을 추며 실기 수업을 진행하는 모습을 보게 된 후 오히려 자신의 처지를 감사하게 되었다고 한다. 그 무용과 교수님에 비하면 본인은 양반이란 사실을 알게 된 까닭이다.

그 이야기를 하면서 활짝 웃는 교수님의 얼굴이 그날따라 더 행복해 보였다.

이 세상에 절대적인 행복은 없다.

모든 행복은 상대적이다.

어떤 계시

'계시'란 말은 기본적으로 종교적 단어다.

그것은 흔히 생각하듯 기발한 영감이나 착상이 번쩍 주어지는 것을 의미하지 않는다.

계시의 진짜 의미는 '드러남'이다. 곧 꽁꽁 감추어져 있던 것이 비로소 나타남을 뜻한다. 따라서 계시란 일종의 '폭로'다.

코로나19가 한국에서 매섭게 확산될 당시 집단 감염의 순서는 다음과 같았다. 신천지-요양원-정신병원-콜센터-택배 물류창고-극우 성향의 교회-극우 집회 등등.

이로써 코로나19는 평소 눈여겨보지 않았던 한국사회의 음습한 구석들을 적나라하게 드러냈다. 일종의 계시적 사건처럼 작용한 것이다.

이제 우리가 할 일은 이 불편한 계시적 사건 앞에서 '눈'을 감고
외면하지 않는 것이다.
자, 우리 모두 눈을 부릅뜨고 한국 사회의 민낯을 보자!

감염재생산지수

코로나19의 확산 정도를 판단하는 방식을 '감염재생산지수'(R_0)라고 부른다. R_0 값이 1이면 감염자 한 사람이 다른 한 사람을 감염시킨다는 뜻이고, R_0 값이 2이면 한 사람이 두 명을 감염시킨다는 뜻이다. 따라서 감염재생산지수가 높을수록 바이러스의 유행과 확산 정도가 심각해지는 것이다. 이때 감염지수의 상승은 단순히 산술적 증가가 아닌 기하급수적으로 올라가게 된다. (소위 사회적 거리두기를 몇 단계로 정할 것인가는 감염지수에 의해 결정된다.)

우리 사회에서 코로나19가 확산되는 데는 노인들을 상대로 한 다단계 및 방문 판매도 한몫을 했다. 따지고 보면 다단계의 원리나 감염재생산지수의 원리는 근본에 있어 비슷하다. 양자 모두

산술적 증가가 아닌 기하급수적인 증식을 꿈꾼다. 노인들을 상대로 적당한 감언이설을 앞세워 대박을 꿈꾸던 다단계 업체가 비슷한 메커니즘으로 번식하는 코로나19 유행의 주범 중 하나가 되었다는 사실이 아이러니하다.

('제자훈련' 열풍이 수많은 교회를 집어삼켰던 1980-90년대의 한국교회 역시 한 사람이 다른 한 사람을 제자로 만들면 얼마 못 가 우리 민족 전체가 그리스도인이 될 것이라는 재생산지수를 도입하여 수많은 교회 지도자들을 '혹'하게 만들었던 기억이 선명하다. 하지만 그런 식의 '복음화'는 일어나지 않았다. 다단계 원리로 운영된 제자훈련은 필연적으로 실패할 수밖에 없었던 것이다. 예수 그리스도께서는 결코 교회를 다단계 회사로 만들지 않으신다.)

탓

코로나19 팬데믹 상황의 원인에 대한 생각은 사람마다 전부 달랐다.

서양은 야생 동물을 잡아먹는 동양의 미개한 생활 방식이 문제라고 생각했다.

동양은 자연을 파괴한 서양의 과학 기술 문명이 사태의 핵심이라고 생각했다.

미국은 중국이 문제라고, 중국은 미국 때문이라고 말했다.

한국의 어떤 이들은 처음에는 친 중국 성향의 정부가 문제라고 하더니, 나중에는 북한이 바이러스를 퍼뜨렸다고 말하기까지 했다.

(재밌는 것은 7월 말에 탈북자 모 씨가 도로 월북하자 북한이 최고 수준의 비상을 선포하고 초강력 방역 대책을 지시했다는 뉴스가 있었다는 것이다.

북한 입장에서는 한국이 문제인 것이다.)

모두들 코로나19의 확산 원인에 대한 생각은 달랐지만 그럼에도
'태도'는 동일했다.

탓, 탓, 탓, 모든 게 네 탓이야.

하지만 기억하자.

누군가에게 손가락질을 할 때 최소한 손가락 세 개는 자신을 가
리키고 있다는 사실을.

우리 안의 이중성

외출하면서 깜빡하고 마스크를 못 챙겼다.
그때마다 혼자 속으로 주문을 외운다.
"괜찮아, 길(야외)에서는 바이러스를 옮기거나 걸릴 염려가 거의
없어"라고.

그렇지만 나는 마스크를 착용한 데 반해 다른 누군가가 맨얼굴
로 지나가는 모습을 볼 때마다 어김없이 속으로 불퉁거린다.
"저치는 시민의식도 없나? 아니 왜 마스크도 안 쓰고 길거리를
활보하는 거야"라고.

이렇듯 우리는 늘 이중적이다.
아마 이 병은 죽을 때까지 안 고쳐질 것이다.

코로나19 시대의 메모

위선

이중성

내로남불

자기합리화

다같은말이다

최악의 장면

우리 회사 건물 4층에 있는 내 방에서 창문을 통해 밖을 내다보면 반경 50미터 거리 안에 최소 네 군데의 비공식적인 '흡연' 구역이 있다. 카페 앞, 미용실 뒤, 유료 주차장 옆, 24시간 내내 영업을 하는 편의점 뒤가 바로 그 아지트다. 지하철 5호선 애오개역 부근에 위치한 회사에서 일하는 직장인들이 틈만 나면 그곳에 삼삼오오 모여 흡연에 열중이다.

그들의 표정이나 동작은 천편일률적이다. 모두 이른바 턱스크를 한 채 하하 호호 깔깔 웃어가며 연신 담배 연기를 빨아들였다가 내뱉는다. 그리고 규칙적인 시간 간격을 유지하며 땅에 비말을 함부로 뱉는다. 정말 최악의 장면이 아닐 수 없다.

방역대책본부에서는 코로나19가 '연기'를 통해서도 전파될 수 있다고 발표하며 주의를 당부했다. 콕 집어서 담배 연기를 말한 것이다. 비말(침)은 더 말할 것도 없다. 그런데 매일 아침, 점심, 저녁으로 나는 회사 주변에서 그런 끔찍한 풍경이 반복되는 것을 목도한다. (더욱이 그들의 아지트 주변에는 마포구청에서 붙여놓은 금연 현수막이 버젓이 있다.)

이런 장면을 볼 때마다 여전히 우리 사회가 흡연자에 대해 지나치게 관대한 것은 아닌가 하는 생각을 지울 수가 없다. 흡연자들의 시민의식의 제고가 절실하다.

긴급재난문자

덜덜거리는 소리와 함께 핸드폰의 진동이 울린다. 슬쩍 쳐다보니 스팸 문자다. 노골적인 스팸 문자는 그 자리에서 차단을 하고, 좀 덜 노골적인 스팸 문자는 두세 번 참았다가 차단한다. 이제 최소한 이 번호로 오는 스팸 문자에 시달릴 일은 없다. 저으기 안심이 된다.

헌데, 왜 나는 하루에도 수십 번씩 오는 긴급재난문자 번호는 차단을 못하고 있는 것일까. 내 일상에 아무런 허락도 없이 무단으로 침입하여 내 사생활을 일시 정지시키는 이 번호를 차단 못하는 것일까. 대체 왜?

그건 분명 내 알량한 시민의식 때문만은 아니었다. 오히려 긴급

58

코로나19 시대의 메모

재난문자 정보가 딱히 필요한 것이 아니면서도 결코 차단을 못 하는 까닭은 사실 내 안에 똬리를 틀고 있는 '두려움' 때문이다. 혹시라도 무슨 긴급한 일이 벌어졌을 때 그 사건이 도미노 게임처럼 작동하여 내 생명과 재산에 어떤 타격을 입힐까 봐 갖는 일말의 두려움.

지금 그 두려움이 하루에도 수십 번씩 예고 없이 치고 들어오는 문자 폭탄이라는 일상의 불편함을 견디게 하는 것이다.

일상아, 어디 있니?

먹고, 자고, 일하고, 쉬고, 배설하고, 여행하고, 영화를 보고, 누군가를 만나서 수다를 떠는 일, 우리는 그것을 '일상'이라 부른다.

그래, 평이한 날들의 반복인 일상이 선물처럼 주어졌을 때 우리는 그것을 '무료함' 혹은 '지겨움'이라고 불렀다. 그때 우리는 무언가 더 특별한 '자극'을 원했다. "아, 나는 정말이지 뭔가 특별한 짜릿함이 필요해"라고 당당히 외쳤다.

우리 곁에서 직선으로 길게 뻗은 철로를 달리는 열차처럼 평이한 삶을 살아내는 사람들을 보면서 '2등 인생' '변두리 인생' 취급을 했다.

하지만 지금 우리는 그 평범한 날들의 반복이 얼마나 소중하고 특별한 것이었는지를 절감하고 있다.

해는 저 산 너머에 반쯤 다리를 걸치고, 시나브로 땅거미가 찾아

오고, 일상은 행여 머리카락조차 안 들킬 요량으로 계속 꼭꼭 숨

어버리면, 과연 우리는 얼마나 더 인간답게 살 수 있을까.

과연 우리는 다시 예전의 일상으로 돌아갈 수 있긴 한 걸까.

코로나 블루

코로나 블루는 코로나19와 우울증(blue)의 합성어다. 코로나19 팬데믹 시대에 부쩍 늘어난 우울증 현상을 가리키는 말이다.

이미 한국사회는 오래전부터 집단 우울증을 앓고 있는 사회다. 가장 큰 원인은 한국사회 자체가 병리 사회이기 때문이다. 각종 병리 현상이 지배하는 한국사회에서 병리적 인간이 속출하는 것은 너무 당연하다. 여기에 코로나 블루까지 더해졌으니 앞으로 이 후유증을 어찌 감당할 수 있을지 걱정이다. 국가 지도자들이 눈앞의 경제 정책과 이념 싸움에만 눈길을 빼앗기지 말고 우리 사회가 집단적으로 앓고 있는 심적 고통에 대해 깊은 고민을 해야 한다. 사람의 마음이 병들면 경제고 정치고 별 소용이 없는 것이다.

저녁이 있는 삶?

세계에서 가장 길고 고단한 노동을 감내하면서 사는 한국인들의
숙원 하나는 '저녁이 있는 삶'을 사는 것이다.

법이 정한 시간에 칼퇴근을 해서 집으로 돌아와 가족들과 같이
식사를 하고 도란도란 이야기꽃을 피우며 재충전의 시간을 갖는
것, 많은 한국인의 꿈이자 로망이다.

그런데 코로나19 사태로 막상 저녁이 있는 삶이 주어지자, 그토
록 저녁이 있는 삶을 로망하던 사람들이 다들 당황하고 힘들어
하는 기색이 역력했다.

참으로 아이러니한 일이 아닐 수 없다.

한국의 밤 문화

예전에 어느 승려가 『멈추면 비로소 보이는 것들』이란 제하의
베스트셀러를 쓴 적이 있다.

코로나19 팬데믹 상황에서 대한민국의 수많은 음식점, 카페, 유
흥업소, 공연장 등이 일제히 멈춰 서니, 그제야 비로소 이 나라가
얼마나 밤 문화가 발달한 나라인지 제대로 보이기 시작했다.

어쩌면 한국인은 밤 문화를 즐기면서 저녁이 있는 삶을 누리고
싶어 하는, 도저히 이룰 수 없는 꿈을 가진 민족인지도 모른다.

확찐자 증가 현상

시민들이 가정에서 보내는 시간이 많아지자 자연스럽게 체중이
늘어나기 시작했다.
이에 어떤 이들은 불어난 자기 체중을 공개하며 '확찐자' 증세를
호소하는 소동이 벌어졌다.
2020년 봄,
한쪽에서는 신천지와 확진자란 단어가, 다른 한쪽에서는 살천지
와 확찐자란 단어가 유행했다.
정녕 한글의 묘미(?)를 느낄 수 있는 대목이 아닌가.

엄마, 아내, 주부

재택근무, 휴업과 휴강이 반복되면서 가족이란 이름을 가진 사람들은 모두 집 안으로 '모여' 때로 일을 하고, 때로 쉬고, 때로 시간을 소비하면서 빈둥거리는 시간이 부쩍 많아졌다.

한마디로 가정이란 이름의 울타리 안에 하루 세끼를 꼬박꼬박 챙겨줘야 할 존재들이 득실거리는 상황이 발생한 것이다.

그 대신 엄마이자 아내이자 주부란 이름을 가진 존재가 져야 할 '노동'의 부담은 곱빼기에 곱빼기로 늘었다. 이때 가정은 노동의 불평등과 불균등을 극명하게 보여주는 특수 공간이 된다.

하지만, 현재까지는, 가족들 중 누구도 이 문제를 진지하게 인식하고 고민하지 않는다.

대다수 가족은 나무늘보처럼 가지에 누워 있고, 엄마와 아내와 주부란 이름의 존재는 다람쥐가 쳇바퀴를 정신없이 돌듯 노동의 수레바퀴를 밀기에 여념이 없다. 우리 가정의 하루 일과는 엄마이자 아내이자 주부인 사람의 한숨으로 시작해서 한숨으로 끝난다.

포노 사피엔스

사람들이 일찍 귀가하여 집에 머무는 시간이 많아지면서, 출판업에 몸담고 있는 나는 내심 국민들이 '이제부터 여유 시간을 이용하여 책을 많이 읽지 않을까', '그렇게 되면 출판 시장이 좀 더 활성화되지 않을까'라는 기대를 했었다.

하지만 혹시나는 늘 그렇듯 역시나로 끝났다. 갑자기 늘어난 시간을 이용하여 사람들이 진득하게 책을 읽는 일은 일어나지 않았다.

그 대신 사람들은 더욱더 열심히 그리고 뚫어지게 스마트폰을 응시했다. 그들은 스마트폰이 중개하는 자극적인 정보와 흥겨운 오락의 물결을 따라 신나게 파도타기를 하며 시간 가는 줄 몰랐다. 그 결과 사유하고 탐구하며 성찰하기보다는 시간을 즐기고, 때우고, 소비한다.

도처에 가벼움이 넘쳐난다.

그렇게 저녁이 되고 아침이 되니 또 하루가 지나갔다(참조. 창세기 1장).

낯선 풍경

코로나19로 인해 가족이 함께 있는 시간이 많아졌다. 가족이 함께 있는 것은 지극히 당연한 것인데도 언젠가부터 그것이 '낯선' 일이 되었다.

그래서 사람들은 이 낯선 풍경에 적응하느라 당황하고, 갈등하고 충돌하면서, 때로 좌절하고 때로 안심했다.

오늘 우리에게 가족이란 무엇인가?

그것은 떨어져 있을 때는 안부가 걱정되고 그리우면서도, 가까이 있을 때는 어색하고 불편한 존재다.

실상 많은 사람들이 친구나 직장 동료보다 더 생소한 사람들과 가족이란 이름으로 함께, 그리고 낯설게 살아간다.

언론: 사회적 흉기

악의적인 가짜 뉴스, 확인되지 않은 카더라 통신, 진영 논리에 기초한 무책임한 선동에 깊이 물든 언론은 국가 위기 상황에서 가장 치명적인 흉기라는 것이 또다시 증명되었다.

나쁜 바이러스는 개인을 위험에 빠뜨리지만, 나쁜 언론은 사회 전체를 궁지에 빠뜨린다.

2020년 대한민국에서 가장 위험한 전염병은 나쁜 언론이 퍼뜨리는 거짓말과 선동이란 바이러스였다. 만약 지금의 언론을 그대로 두면 우리 사회의 미래는 결코 밝다고 할 수 없다. 언론의 자기 성찰과 개혁이 절실한 이유다.

노숙인들은 어디로 갔을까

그 많던 노숙인들은 코로나 팬데믹 와중에 지금, 어디서, 무엇을 하며 겨우 목숨을 지탱하고 있을까?

아무도 그들을 기억하고 근심하지 않는 이 현실을 어떻게 받아들여야 할지 모르겠다.

어느 약속

2019년 어느 날 회사로 낯선 사람이 찾아왔다. 여행사를 운영하는 독실한 그리스도인이었다. 평신도지만 신학의 중요성을 잘 이해하고 있었고, 내가 하는 일에 관심이 많았다. 나는 그를 처음 봤지만 그는 나를 잘 알고 있었다.

그날 그 자리에서 그가 내게 굳건히 약속했다.

"제가 돈을 많이 벌어서 반드시 목사님 사역을 열심히 도와드리겠습니다."

일 년의 시간이 흘렀다. 이따금씩 그가 떠오른다.

그가 운영하던 여행사는 아직도 생존하고 있을까, 혹시 벌써 부도가 나거나 폐업을 한 건 아닐까? 관광과 여행업이 초토화된 현실 앞에서 그와 그의 가족들은 어떻게 살아가고 있을까 심히 걱정이 된다.

코로나19는 수많은 사람들의 삶의 터전, 꿈, 희망, 그리고 선한 약속들을 앗아갔다.
희망과 약속이 사라질 때마다, 마치 지우개로 글씨를 지우듯 사람들의 흔적이 소리 소문 없이 증발되고 있다.

우리는 아무것도 기념할 수가 없게 되었다

2020년은 참혹한 해다.

돌잔치도, 결혼식도, 입학식과 졸업식도, 은퇴식도, 심지어 장례식도 제대로 치를 수 없는 시간이 이어졌다. 이로써 거의 대부분의 '기념할 일들'이 증발되었다.

우리 삶에서 '기념'이 사라졌다는 것은 인간의 삶을 떠받치는 두 기둥, 곧 축제와 애도가 부재한다는 뜻이다.

이제 울 수도, 웃을 수도 없게 된 우리는 대체 누구란 말인가.

이거야 말로 진정 '웃픈' 일이 아니던가.

기억의 삭제

방학과 휴업, 온라인 수업과 등교가 반복된 한 해를 보낸 우리
아이들은 이다음에 무슨 기억을 할 수 있을까?
우리 아이들은 담임 선생님을 기억할 수 있을까,
교실의 건조한 내음과 학교의 동선을 기억할 수 있을까,
아니, 미래에도 학교 자체가 존립할 수 있을까?
나아가, 기성세대가 공유하고 있는 성장기 시절의 기억과 전혀
다른 기억을 가지고 성장한 지금 이 세대와 우리는 과연 의사소
통이 가능하기나 할까!
나는 그게
궁금하면서도 걱정이 된다.

등록금 환불

대학 캠퍼스는 공동 묘지처럼 삭막하고, 전임 교수와 시간 강사들의 집에서만 요란하게 (온라인) 강의가 송출되던 어느 날, 마침내 일단의 대학생들이 등록금을 돌려달라는 요구를 외치기 시작했다. 대학에서 소비자 주권의 깃발이 펄럭이기 시작한 것이다.

이제, 아니 오래전부터 대학은 스승과 제자의 관계가 사라진 지 오래다. 대학에는 단지 지식 생산자 혹은 지식 유통업자와, 그것을 소비하는 군중만 있을 뿐이다.

대학이 시장으로 변한 것은 진실일 터, 제품의 질과 서비스가 떨어지니 소비자가 환불을 요구하는 것은 어찌 보면 당연하다. 이것이 오늘날 대학의 실상이다.

통제 중

우리집 큰아이가 올해 군에 입대했다.

본래는 일 년간 해외 어학연수를 다녀올 요량으로 학교를 휴학했는데 하필 코로나19 사태가 발생해서 부득이 취소하고 부랴부랴 군 입대를 선택하게 되었다.

큰아이를 논산훈련소까지 태워주던 날, 코로나19 때문에 입소식이 취소되었다. 아이는 저 혼자서 훈련소 안으로 들어갔다.

6주간의 기초군사훈련이 끝난 뒤에도 코로나19 때문에 퇴소식을 할 수가 없었다.

비록 이등병 계급장이지만 아이의 가슴에 직접 계급장을 달아줄 기회를 잃어버려 크게 아쉬웠다.

아이는 퇴소식도 없이 바로 강원도 인제에 위치한 포병 부대로
전입을 갔다.
아이가 자대로 가던 날, 함께 간 동기 한 명이 미열 증세가 있어
자대에 도착하자마자 전원 격리조치 되었다는 연락이 왔다.
다행히 별 이상이 없는 것으로 드러나 며칠 후 격리가 해제되
었다고 한다.
가슴을 쓸어내렸다.

그사이 봄과 여름이 훌쩍 지나고 가을이 성큼 다가왔다.
며칠 전 아이와 카톡으로 문자를 주고받으며 물었다.

"아들, 근데 언제쯤 첫 외박이나 휴가가 가능한 거야?"

아이가 잠시 뜸을 들이더니 이렇게 답을 보내왔다.

"잘 모르겠어요. 요새 (코로나19 때문에) 외출 외박을 전부 통제 중
이어서 언제 해제될지 알 수가 없어요."

오늘따라 아이가 부쩍 더 그립다.
글쎄다, 언제나 군인들의 통제가 풀릴 수 있을까?
그러려면 소위 민간인들이 좀 더 시민의식을 발휘해서 코로나19
사태를 잡아야 할 텐데….

말 따로 현실 따로

저녁을 먹고 텔레비전 앞에 앉아 뉴스를 시청했다. 방송 말미에 앵커가 클로징 멘트를 날린다. "아프면 3-4일 집에서 쉬세요." 그걸 보며 '캬, 어찌 저런 멋있는 말을 다 하나' 싶었다. 아프면 당연히 쉬어야 한다. 아픈데도 억지로 출근했다가 다른 사람에게 바이러스를 감염시키는 것은 무책임한 행동을 넘어 사회적 일탈 행위다.

그렇지만 아프다는 이유로 마음 편히 쉴 수 있는 노동자가 과연 몇 명이나 될까? 다수의 노동자가 며칠씩 출근하지 않았을 때 발생하는 손실을 감당할 수 있는 기업이 얼마나 될까? 그 손해는 누가 보전해줄 것인가?

이렇듯 감동적인 계몽, 훈시, 덕담은 넘쳐나지만, 그 근사한 말이 빚어내는 '틈' 사이를 정교하게 메꿔주는 정책이나 지원을 찾아

보긴 어렵다.

유감스럽게도 대개 멋진 훈화나 설교는, 자신은 결코 책임질 수 없는 혹은 책임지지 않아도 되는 말인 경우가 많다. 이런 말들의 상찬만으로는 결코 세상을 바꿀 수 없다.

긴급재난지원금

지인 목사가 있다. 매우 착하고 성실한 사람이다. 그는 서울 서대문구에서 작은 예배당 건물을 임대하여 교인 몇 사람과 함께 신앙생활을 한다. 공식적으로 들어오는 헌금이래야 얼마 되지 않는다. 거의 없다고 봐도 무방하다. 당연히 생활이 빠듯한 정도를 넘어서 매우 어렵고 불안정하다.

그래서 그는 기회가 닿는 대로 온갖 궂은일을 마다하지 않는다. 대학원까지 졸업한 먹물이지만 가족을 부양하고 교회 임대료를 지불하려면 찬밥 더운밥 가릴 처지가 아님을, 누구보다 자신이 제일 잘 알고 있다. 그는 거친 노동과 알바를 반복하며 피곤에 절어 살면서도 가장으로서, 목사로서 책임을 다하기 위해 무던히 애를 쓴다.

어느 날 우리 회사에 알바거리가 생겨 일부러 그를 불렀다. 알

바 작업이 끝나고 그를 데리고 회사 근방의 식당으로 가서 밥을 샀다. 맛있게 밥을 먹는 그의 얼굴을 물끄러미 바라보다가 내가 나직이 물었다.

"김 목사님, 근데 긴급재난지원금은 받았어요?"

그가 수줍게 웃으면서 그렇다고 대답한다.
내가 다시 물었다.

"그 돈 받아서 어디에 썼어요?"

그가 이번에는 얼굴이 약간 상기된 표정으로 답했다.

"대표님, 첫날은 아이들에게 피자를 사주고, 그다음에는 삼겹살을 사주고, 또 그다음에는 치킨을 사줬는데요, 아이들이 어찌나 행복해하는지 너무 감사하더라고요."

그 말을 듣는 내 눈에서 뜨거운 뭔가가 핑 돌았다.
나도 무척이나 행복했다.

기본소득

우리 사회 일각에서는 그동안 '기본소득'이란 말을 꺼내기만 해도 소위 종북좌파로 낙인찍는 분위기가 있었다. (나는 이 말이 아주 나쁜 표현이라고 생각한다.)

헌데, 2020년에 처음으로 긴급재난지원금 형식의 기본소득(?)이 주어졌다. 심지어 기본소득=빨갱이란 등식을 뇌리에 각인한 사람들조차 아무 불평 없이 긴급재난지원금을 수령해서 잘 썼다.

우리가 익히 알던 국가란 늘 국민으로부터 돈을 받아가는 일종의 리워야단(Leviathan)이었다. 그런데 우리 역사상 처음으로 국가가 국민에게 돈을 나눠주었다. 그것도 공평하게.

앞으로 한국사회에서 기본소득 논의는 어떤 운명을 맞이하게 될까? 단발성 행정으로 막을 내릴까, 아니면 더욱 정교한 방식으로 진화해갈까? 분명한 것은 한국사회가 직면한 구조적 취약성을 정직하게 인정한다면 기본소득 논의를 그냥 폐기처분할 수는 없을 것이라는 점이다.

프로야구

올해 K-방역 못지않게 대단한 것 하나가 중단 없이 진행된 프로야구 경기였다. 우리보다 역사가 깊고 규모가 훨씬 더 큰 미국 프로야구도 코로나19 폭탄을 피해 가지 못했다. 그 결과 미국은 기존의 팀당 162경기를 66경기로 대폭 축소하여 시리즈를 시작했고 그나마 개막 이후 몇 경기를 못하고 확진자가 속출했다.

이에 반해 한국 프로야구는 기존의 144경기를 그대로 진행하고 있는 데다 현재까지 단 한 명의 확진자도 안 나왔으니 얼마나 놀라운 일인가. 여기에 8월 15일 광화문 집회에서 촉발된 2차 팬데믹 이전에는 한동안 25% 선까지 관중 입장을 허락했으니 실로 대단하다고 하지 않을 수 없다. 아마 프로야구 협회와 각 구단들의 방역 노력뿐 아니라 어려서부터 합숙 생활을 하면서 위계질서와 군기(?)가 분명한 문화가 몸에 배어 있는 우리 야구

선수들의 집단주의 의식이 방역에 적극 협조하도록 모종의 긍정적인 영향을 미친 것이 아닐까 추정해본다.

나는 퇴근 후 가끔씩 텔레비전으로 프로야구 경기를 시청하곤 하는데, 올해는 특히 마스크를 착용하고 3시간 가까운 경기 내내 쉴 새 없이 응원을 펼치는 치어리더들이 카메라 화면에 잡힐 때마다 심히 안쓰러운 마음이 들곤 한다. 경기를 뛰는 선수들은 마스크를 착용하지 않은 데 반해, 텅 빈 관중석 앞에서 마스크를 쓴 채 몇 배로 더 격렬한 몸놀림을 감내해야 하는 치어리더들의 모습에서 정말 극한의 직업 세계를 보는 것 같은 느낌이 드는 것이다. 그럼에도 항상 발랄한 웃음을 잃지 않고 경쾌하게 춤을 추는 그녀들의 모습에 큰 박수를 보내고 싶다. 그대들이 진짜 프로다. (하지만 치어리더들 보다 더한 '찐' 프로들이 있으니 바로 무겁고 둔탁한 마스코트 복장을 뒤집어 쓰고 온갖 재롱을 연출하는 사람들이다.)

좀비만 살아남은 대중문화

21세기는 한국의 음악과 영화와 음식이 전 세계로 날개를 달고 빠르게 뻗어나가던 시대였다.

20세기까지 외국의 문화를 일방적으로 수입하기 급급했던 한국이 제 스스로 만든 음악과 영화를 수출하며 한류 열풍을 만들어 내는 모습은 지켜보는 것만으로도 격세지감을 느끼게 하기에 충분했다.

하지만 2020년에 한류 공장은 가동을 멈췄다. 각종 공연장과 극장이 올스톱되면서 대중문화 산업은 큰 위기를 맞았다.

심지어 내가 아는 지인은 어느 날 페북에 이런 포스팅을 했다.

"큰맘 먹고 극장에 갔는데 사람이 아무도 없어서 그 큰 영화관에서 나 혼자 영화를 봤음. 색다른 경험이었음."

가히 영화에서나 볼 수 있을 듯한 장면이 일상에서 아무렇지 않게 실연되는 것이다.

그나마 다행인지 불행인지 올해 최소한의 관중 동원에 성공한 영화는 모두 '좀비'를 소재로 한 영화였다고 한다.

(참고로 이 글을 쓰는 현재 좀비 영화 「반도」가 300만을 찍어 최고 관객 동원에 성공했다 한다.)

팬데믹의 시대에 좀비 영화만 살아남았다 하니, 뭔가 좀 으스스하다.

메시아 국가의 몰락

할리우드에서 만든 재난 영화나 세계의 종말을 주제로 다룬 영화들(가령 「2012」, 「아마겟돈」, 「코어」, 「월드워Z」, 「월드 인베이젼」 등)을 보면 뚜렷한 공통점이 있다.

그것은 대재앙의 알람이 요란하게 울릴 때마다 반드시 미국이 혹은 미국인이 나서서 세상을 구한다는 것이다. 비록 종말에 발생하는 전지구적 대재앙 앞에서 미국도 큰 타격을 입지만 그림에도 미국(인)은 어떻게든 이를 이겨내고 마침내 세상을 구원한다.

왜냐하면 흔히 미국인이 생각하기에, 미국은 곧 메시아 국가이기 때문이다. 즉 미국은 언덕 위의 도시와 같은 나라이며, 미국인은 신의 특별한 선택과 부름을 받은 민족이고, 그런 미국(인)의 사명은 세계를 지배하고 통제하는 것, 필요하면 세상을 구원하는 것이기 때문이다.

하지만 코로나19는 미국(인)의 이런 오래된 '신앙'을 산산조각
냈다. 코로나19 팬데믹의 한복판에서, 인류는 미국이란 나라가
놀라울 정도로 취약하며 무기력한 국가라는 것을 똑똑히 목격
했다. 참고로 이 글을 쓰는 8월 27일 현재 미국인 사망자는 18만
527명으로 집계되었다. 이제 미국의 신화는 막을 내렸다. (그런
데도 여전히 우리나라의 어떤 국민들은 성조기를 자랑스럽게 휘날리며 광
화문 광장을 활보하면서 그것을 애국이라고 생각한다. 정녕 부끄럽지 아니
한가!)

어떤 안도감

2020년에 그나마 위안(?)이 된 게 하나 있다면, 어찌 된 영문인지 몰라도, 지구의 멸망이 곧 다가왔다는 종말론자들 혹은 묵시론자들이 눈에 띄지 않았다는 것이다. 사실 지금과 같은 상황이면 그런 거짓 예언자들이 등장하여 세상을 더욱 혼돈의 미궁으로 몰고 갔을 법한데도 말이다.

아무튼 평상시에는 세계의 임박한 종말을 외치던 자들조차 실제로 눈앞에서 묵시론적인 상황이 펼쳐지자, 다들 어떻게든 살아남기 위해 노심초사했다. 사람이란 원래 그런 존재다.
'삶'을 펼쳐 놓으면 '사람'이 되고, '사람'을 모아 놓으면 '삶'이 된다.
사람아, 어떤 상황에서도 부디 희망을 빼앗기지 말고 반드시 살아라.

It Ain't Over Till It's Over

올해 내가 가장 많이 들었던 말 하나는 싱어송라이터 레니 크래비츠가 부른 노래 제목인 'It Ain't Over Till It's Over'였다. 번역하면 '끝날 때까지 끝난 게 아니다'란 뜻이다.

바이러스의 확산을 어느 정도 잡았다 싶으면 또다시 어디선가 재확산이 반복되는 현실에서, 많은 사람들이 이 노래 제목을 음미했다.

심지어 프로야구에서 경기 내내 뒤지고 있던 팀이 막바지에 극적인 대역전승을 일구어낼 때도 어김없이 '끝날 때까지 끝난 게 아니다'란 문구가 텔레비전 중계 화면에 뜨곤 했다.

끝날 때까지 끝난 게 아니다!
그러니 방심하지도, 좌절하지도 말자.

사실 우리 인생은 방심과 좌절만 조심하면 언제든 역전에 성공할 가능성이 있지 않은가.

그러니 삶을 포기하지 말자.

인문학과 종교는 언제 필요한가

한때 우리 사회 전반에 걸쳐 인문학 광풍이 몰아친 적이 있다. 그때는 너도나도 할 것 없이 인문학을 입에 담았다. 인문학을 모르면 시대에 뒤처진 사람이라도 될까 봐, 다들 고전을 이야기하고 문학과 역사와 철학을 호명했다. 오죽하면 인문학이 제법 돈이 된다는 사실을 알고 처음에는 출판사들이, 그리고 이어서 정부 기관들과 지자체들까지 앞다투어 인문학 시장에 뛰어들었을까!

또 종교는 어떤가? 한국사회는 인구 조사를 실시하면 매번 종교인 숫자가 전체 인구 숫자보다 더 많이 집계되는 희한한 나라다. 그만큼 한국인은 종교적인 민족이다.

하지만 코로나19는 국가적 위기 앞에서 종교와 인문학이 얼마나 무기력할 수 있는지를 잘 보여주었다. 일부 종교의 경우, 단지 무능력한 정도가 아니라 오히려 위기를 악화시키는 주범 노릇을 톡톡히 수행했다. 상업화된 인문학과 기복의 노예가 된 종교의 생얼굴이 낱낱이 까발려진 것이다.

반면 신종 바이러스와의 전쟁 같은 재난 상황에서는 과학과 의학의 역할이 절대적임을 다시 한번 깨우쳐주었다. 만일 우리에게 유능하고 책임감 있는 과학자들과 의료 인력이 없었다면 과연 어쩔 뻔했는가? 생각만 해도 아찔하다.

그럼 이제 우리에게 인문학과 종교, 즉 지성과 신앙, 또는 사유와 의미는 더 이상 불필요한 것인가?

결코 그렇지 않다. 코로나19 발발 초기에 촌음을 다퉈 방역 체계를 구축하고 사람의 목숨을 구해야 할 때는 확실히 과학과 의학의 역할이 돋보일지라도, 그러나 이 사태가 장기화-일상화되면서 사람들이 지치고, 낙심하며, 그 결과 공포와 분노가 하나의 거대한 심연으로 자리하게 될 때, 바로 그때 인문학과 종교가 필요한 것이다.

절망 속에서 허우적거리는 사람들에게 삶의 의미와 희망을 다시 북돋아주는 것, 극한의 이기심이 우리의 유전자를 조작하려고 할 때 타인에 대한 연민과 연대감을 상실하지 않도록 재확인시켜 주는 것, 그것이 바로 종교와 인문학이 해야 할 역할이다.

과연 지금 이 땅에 그런 인간의 얼굴과 심장을 가진 인문학과 종교가 있는가?

인문학자들이여, 종교인들이여, 이 질문에 답을 해보시오.

100
—
코로나19 시대의 메모

신앙이란

신약성경 마가복음 13장, 누가복음 21장, 마태복음 24장의 이른 바 '감람산 강화'에는 다음과 같은 예수님의 말씀이 나온다.

"여기저기서 전쟁, 기근, 전염병, 지진, 이단의 출현, 기후 위기 등이 벌어지겠지만 그러나 너희는 '미혹되지 말라' 그리고 '두려 워하지 말라.'"

이 말씀은 현대의 그리스도인들에게도 가장 절실한 권면이다.
여러분, 미혹되지 마십시오.
그리고 두려워하지 마십시오.

그렇다. 참된 기독교 신앙이란 어떤 최악의 경우에도 옳고 그름 을 분별하며, 죽음의 세력을 두려워하지 않는 것이다.

지금은 우리가 기도할 때

코로나19 팬데믹 시대에 우리 그리스도인에게 가장 필요한 것은 넷플릭스(오락)도 아니고, 자극적인 뉴스(소음)도 아니다.

지금 우리에게 가장 필요한 것은 이 사태를 능히 주관하실 수 있는 전능하신 하나님께 나아가 무릎을 꿇고 그분의 긍휼을 구하는 것이다.

세상으로 향한 눈과 귀의 창문을 모두 셧다운시키고, 오직 하나님을 향한 영혼의 안테나를 높이 세운 채 부르짖고, 애원하고, 탄식하고, 분노하고, 질문하는 것이다.

지금은 기도가 가장 절실할 때다.

한국사회를 성찰함

결국 민주주의가 답이다

2020년의 가장 큰 화두는 단연 K-방역이다. 서구의 유수한 국가들과 견주어서 월등히 뛰어난 성적을 낸 한국의 공공 방역 결과에 대한 안팎의 찬사가 줄을 이었다.

대한민국은 어떻게 해서 이토록 뛰어난 방역 성과를 거두었는가? 여기에는 여러 요인이 있다. 가령 첨단 정보 통신 기술, 국가 자원의 효율적 배분(선택과 집중의 원리), 시민들의 자발적 협조와 참여, 집단 지성의 힘, 전문가들의 리더십과 헌신적인 봉사 등이 결합되어 이런 뛰어난 성과를 낸 것이다. 하지만 그렇다고 해서 현재의 성과에 도취되어 결코 안심할 수만은 없다.

만약 앞으로 코로나19가 종식된 이후에도 계속해서 새로운 바이러스가 출현하거나 재난이 일상화된다면, 필경 이를 관리하고 해결하는 과정에서 부득이 개인의 자유가 제한되고, 사회의 자원이 불평등하게 배분되며, 따라서 양극화가 심화되고, 그 결과 사회 구성원들 간 상호 비난과 혐오가 범람할 가능성도 높아진다. 그리고 이를 단기간에 효율적으로 해결하기 위해 사람들은 강력한 힘을 독점적으로 행사하는 정부의 출현을 고대할 수 있다. 따라서 일상화된 재난은 독재가 출현하기에 최적의 조건을 갖춘 토양이다. 결국 만성 재난으로 인한 가장 큰 피해자는 바로 '민주주의'다.

그리고 이 말은 뒤집어서 이야기하면 민주주의를 굳건히 지켜내고 실현하는 길이야말로 우리가 일상화된 재난 한복판에서도 인간다움을 잃지 않을 수 있는, 어쩌면 거의 유일한 길이라는 뜻이다.

한국인의 심층의식

나는, 아주 가끔씩 궁금해진다.

과연 우리 민족이 K-방역에 성공한 것이 순전히 성숙한 시민의식, 즉 민주적 시민의식만으로 가능했을까?

혹시 다른 요소는 영향을 미치지 않았을까?

가령, 우리 세대가 어린 시절부터 매섭게 주입받은 반공 교육과 군사 훈련에서 비롯된 집단의식, 일사불란한 질서 유지와 규율에의 순응 등이 모종의 영향을 미친 것은 아닐까 하는 생각을 해본다.

아마 모르긴 해도 상당히 이질적인 요소들이 복합적으로 작용하여 현재 한국인의 사회의식을 만들어냈으며, 또한 그 습속은 지금도 계속 진행형일 것이다.

흔히 우리 민족을 가리켜 '국난 극복의 DNA'를 가진 민족이라고 한다. 그만큼 국가가 어려울 때 자발적으로 팔을 걷어붙이고 나서서 나라를 지킨 역사적 경험이 많다는 뜻이다.

따지고 보면 한국인은 역사적-사회적 트라우마가 많은 민족이다. 그만큼 한국인의 심층의식이 복잡다단할 수밖에 없다. 그럼에도 현재의 한국인이 과거의 상처를 하나씩 극복하면서 민주적 시민으로 형성되어 가고 있다는 점은 정말 대단한 일이 아닐 수 없다. 이는 가히 '은총'이라 부를 만하다.

우리 안의 인종차별

코로나19 사태 초기에 갑자기 마스크 수요가 폭발적으로 늘어나면서 급기야 정부가 시장 기능을 합리적으로 통제·조절하기 위해 마스크 배급제를 실시한 적이 있다. (그때 어떤 이들은 '배급제'란 단어를 놓고 드디어 종북좌파 정권이 사회주의 체제 도입을 향한 마각을 드러냈다고 입에 거품을 물었다. 부끄러운 일이었다.)

당시 정부는 소위 공적 마스크를 배분하면서, 마스크를 수령할 수 있는 권리를 가진 사람을 '건강보험에 가입한 자'로 명시하였다. 그 결과 건강보험에 가입하지 않은 6개월 미만의 단기 체류자, 이주 노동자, 유학생 등 수십만 명이 마스크를 구할 수가 없었다.

한국인들이 일주일에 석 장밖에 마스크를 못 사는 현실에 분통을 터트리는 동안, 누군가는 아예 마스크 자체를 구할 수가 없었

던 것이다. 하지만 어느 누구도 이런 정의롭지 못한 현실에 대해
심각하게 고민하지 못했다.

부끄럽지만 21세기에도 여전히 우리 안에는 인종차별이란 괴물
이 강력하게 똬리를 틀고 있는 것이다.

변함없는 각자도생

1990년대에 휘몰아친 신자유주의 광풍과 조밀하게 맞물린 자기
계발 열풍은 특히 IMF 긴급 구제 금융 사태 이후 생존에 필요한
비용을 모두 개인에게 전가하는 사회 구조를 고착화시켰다.

국민 혹은 시민이란 이름의 개인은 살벌한 경쟁이 일상화-구조
화된 세상에서 취업에 성공하고 좀 더 오래 직장에 머물기 위
해 필요한 스펙을 장착하고자 막대한 사적 비용(대학원 졸업, 어학
연수, 학원 수강, 자격증 취득에 필요한)을 투입해서 자기를 그럴싸한
상품으로 가공해야만 했다. 그렇게 해서 설령 사회 진출에 성공
했다 할지라도 '자기-상품'의 시효가 만료되면 마치 고장 난 가
전 제품처럼 가차 없이 폐기되기 일쑤였다. 이것이 우리 사회가
지난 30년 동안 걸어왔던 '노멀' 즉 '사회적 기준 내지 관행'이
었다.

여전히 코로나19가 맹렬히 기승을 부리는 지금, 우리 사회 한쪽에서는 발 빠르게 '포스트 코로나'를 논하면서 기존의 '노멀'을 대치할 '뉴노멀'을 만들자고 한다. 그들이 말하는 뉴노멀이란 '온라인으로' 수업을 하고, 기업을 운영하며, 심지어 의료 진료를 받는 세상을 말한다.

그러나 현실을 꼼꼼히 들여다보면, 재택근무와, 재택강의와, 재택수강에 필요한 일체의 전자 제품은 오롯이 '개인'이 구매해야 하며, 그것의 사용법을 익히는 것도 오롯이 '개인'이 자기 비용으로 감당해야 한다. 당연히 새로운 제품과 시스템을 판매하는 기업은 이윤이 발생하겠지만, 이처럼 '개인'의 부담은 결코 줄어들지 않는다. 오히려 친숙하지 못한 첨단 노동 환경에 적응하기 위해 새로운 비용이 계속 발생한다. 개인이 자기 자신이란 상품의 효능성을 유지하기 위해 사적 투자를 피할 수도 없고, 피해서도 안 되는 것이다. 이것이 뉴노멀의 실상이다.

그렇다면 사회란 이름의 시스템 한쪽에서는 새로운 이윤이 창출될지언정, 그 시스템의 다른 쪽에서 여전히 개인은 각자도생해야 하는 세상을 가리켜 진정으로 뉴노멀하다고 할 수 있는 것인가?

어떤 우울증

최근 가까운 지인에게서 들은 이야기다.

그의 전언에 따르면, 요사이 서울 강남 같은 부자 동네에 거주하는 돈 많은 사람들 사이에서 '신종 우울증'이 대유행이라고 한다.

부자들이 우울증으로 고생하는 이유는 코로나19로 인해 해외여행과 해외 원정 골프가 불가능해졌기 때문이라고 한다. 삶의 가장 큰 즐거움이 관광과 골프인데, 그것을 못 누리니 깊은 우울증에 빠진 것이다.

그래서 이재에 밝은 사람들이 이들 돈 많은 사람들을 대상으로 초호화 명품 매장과 고급 식당을 오픈하여 특별 '영업'에 나섰는데 과연 예상했던 대로 대(大) 성업 중이라고 한다. 그야말로 부자들이 우울증을 쇼핑 중독으로 해결하고 있는 것이다.

다수의 사람들은 하루하루 벌어먹고 사는 게 힘들어서 결국 우울증에 걸리는 데 반해, 어떤 사람들은 주체할 수 없이 많은 돈을 못 써서 우울증에 빠진다.

이런 걸 보면 우리 사회가 참 불공평한 곳이라는 것을 다시 한번 자각하지 않을 수 없다.

위선

정부의 공공 방역에 대놓고 어깃장을 놓거나 맞서는 이들 중에는 현 정부가 빨갱이 정부라는 편향된 의식을 갖고 있는 자들이 적지 않다. 그래서 대한민국이 적화 통일되기 전에 무슨 수를 써서라도 기필코 빨갱이 정부를 타도해야 한다는 사명감을 (동질 그룹과) 끊임없이 공유하며 체화한다.

그런데 공공 방역을 위반하고 훼손하는 자들도 정작 본인이 코로나19에 감염되면, 바로 그 빨갱이 정부가 전액 제공하는 각종 의료 지원을 군말 없이 받아 누린다. (코로나19에 감염될 경우 1인당 최대 약 7천만원의 순수 치료비용이 발생한다고 한다. 여기에 사회경제적 손실은 포함되지 않았다.) 나는 지금까지 이들 중 어느 누구도 빨갱이 정부가 제공하는 의료 지원을 거부하거나 포기했다는 이야기를 들어본 적이 없다.

한국사회를 성찰함

만약 이들이 평소에 입버릇처럼 반복하여 설파한 신념―현 정부가 종북좌파 정권이라는―이 진짜였다면 당연히 빨갱이 정부가 제공하는 치료를 거부하고 차라리 죽음을 선택하는 것이 훨씬 더 진정성 있는 행동일 것이다. 하지만 아무도 그렇게 하지 않는다.

이들의 '목숨을 걸었다'는 신념이 얼마나 허약하고 취약한 것인지를 알 수 있는 대목이다. 그러니 어느 누구도 자기 '목숨'을 걸었다는 말을 함부로 발설하지 말자.

자가 격리

누구든 코로나19에 노출되었을 가능성이 높으면 약 14일간의 자가 격리에 처해진다.

어떤 이는 자가 격리 기간의 무료함을 못 이기기도 하고, 어떤 이는 이 시간을 자기 성찰과 재충전의 시간으로 적극 활용하기도 한다. 사람마다 다 자기 그릇의 크기에 따라 주어진 상황을 재해석하고 재활용하는 것이다. 그리고 보면 자가 격리란 말은 일종의 심리학적이고 인류학적인 용어다.

동시에 자가 격리란 말은 매우 계급적인 용어이기도 하다. 약간이라도 경제적 여유가 담보되는 사람에게는 자가 격리가 안식과 재충전의 시간일 수 있지만, 우리 사회의 기저에서 고단한 일상을 감수하며 살아가는 사람들(일용직 노동자, 중증 장애인, 저소득층 노인들)에게 이 단어는 사회적 타살 내지 협살에 가까운 단어다. 왜냐하면 그는 노동과 수입의 중단으로 인해 결국 파산하거나 굶어죽을 것이기 때문이다. 따라서 자가 격리란 말은 지극히 사회적이고 정치적인 용어다.

그렇다면 이토록 사회적이고 정치적인 단어가 단순히 개인의 사적 공간에만 일방적으로 부과되는 것이 과연 온당한 것일까? 과연 사회 공통의 이익을 위해 '위험한' 개인을 일방적으로 격리하고 고립시키는 대신 그 연약함을 보듬을 수 있는 또 다른 묘책은 없는 것일까? 이를 위해 우리는 지금보다 더 나은 상상력을 발휘해야 하지 않을까? 그것이 이 나라의 미래가 되어야 하지 않을까?

공공성이란 과제

과거 신자유주의가 기승을 부리면서 국가의 공공 기능(철도, 항공, 의료, 교육)을 재빠르게 민영화하는 작업이 널리 유행하였다. 표면적인 이유는 만성 적자에 시달리는 공공 부문에도 효율과 경쟁의 원리를 도입하여 수익률을 향상시키고 이를 통해 서비스의 질을 제고하겠다는 것이었다. 하지만 이런 시도의 이면에는 국가가 자신을 하나의 '거대 기업'으로 재구조화하고자 하는 기획이 숨어 있다.

또한 공공 부문을 민영화하려는 실질적인 이유 하나는 소위 국가 의무의 '외주화'에 있다. 즉 국가가 짊어지고 있는 공적 책임을 잘게 세분화하여 국민에게 분산시키는 전략을 통해, 결국 유사시 정부의 책임 소재를 둘러싼 위험 부담을 최소화하고자 함이다.

하지만 코로나19 사태는 기후 위기의 시대에 다양한 양태로 '방문할' 위험 요인에 맞서 공공 부문의 책임을 오히려 강화해야 할 과제를 안겨주었다. 특히 앞으로 의료, 소방, 치안, 생태(기후, 환경) 분야 등에서 어떻게 국가의 공적 대응 수준과 능력을 높일지를 놓고 정부와 사회 각 부문의 책임 있는 주체들이 지혜를 한데 모아야 할 것이다.

지금은 개인의 밥그릇 싸움이 문제가 아니라 사회 전체의 시스템을 공적으로 재조직해야 할 때다.

감시 사회

작가 조지 오웰이 『1984』에서 예견했듯이 첨단 감시 기술로 중무장한 빅 브라더가 등장하여 시민들의 일거수일투족을 낱낱이 감시하고 규제하는 사회가 도래하는 것은, 건전한 의식을 가진 시민들 입장에서 볼 때 악몽 그 자체다. 따라서 어떻게 해서든 이런 사회가 오는 것만은 막아야 한다.

그런데 2020년에 실제로 그런 일이 우리 일상에서 다반사로 벌어졌다. 예컨대 코로나19 확진자가 발생하면 CCTV와 핸드폰 통신 기록, 카드 사용 내역 등을 실시간으로 분석하여 그의 신상과 동선이 상세히 공개되고, 그 주변에 머물렀던 불특정 다수의 신상에 관한 정보까지 체크해서 안내 문자를 보낸다. 이로써 기술적인 측면만을 놓고 보면 조지 오웰이 상상했던 감시 사회가 충분히 가능해졌음이 증명된 것이다.

그럼에도 천만다행인 것은 현재는 정부가 이런 기술을 '악용'하지 않고 있다는 점이다. 하지만 앞으로 어떤 성격의 정부가 들어서느냐에 따라 한국의 최첨단 정보 통신 기술의 쓰임새가 완전히 달라질 수도 있다는 점을 잊지 말아야 한다. 국민 각자의 사생활을 감시할 수 있는 최첨단 기술이 진화를 거듭할수록 민주적인 정부가 그 기술을 통제하는 것이 얼마나 중요한지를 국민 모두가 공유해야 한다. 기실 현대 사회에서 그것이 노동이든, 종교든, 교육이든, 기술이든 정치적이지 않은 것은 하나도 없다. 어느 명언처럼 "모든 것이 정치지만, 정치가 모든 것은 아니다." 우리가 항상 정치에 대해 진지한 관심을 가져야 할 이유다. 그래야만 괴물로 돌변한 정치가 우리를 잡아먹지 못하게 방지할 수 있다.

청년 문제

누가 뭐라 해도 코로나19의 최대 피해자 중 하나는 '청년'이다. 가뜩이나 청년 실업 현상으로 취업과 구직이 어려운 상황에서 코로나19 직격탄은 (청년 입장에서) 매섭고, 아프며, 잔인하기만 하다. 많은 기업이 그나마 가뭄에 콩 나듯 하던 신규 채용 계획을 전면 보류하거나 철회했기 때문이다.

또한 막대한 액수의 등록금을 내놓고도 캠퍼스 생활을 전혀 맛볼 수 없는 대학생들에게도 2020년은 하루하루가 덧없이 지나가는 나날이다. 이런 암울한 현실 앞에서 청년들의 좌절과 분노는 걷잡을 수 없는 지경이다. (여기에 더해 부동산 불평등을 위시하여 한국사회에 내재한 각종 모순과 세대 간 편차에서 비롯되는 불의한 현실이 다수의 청년들을 사회 진출에 나서기도 전에 패자로 만들고 있으니 그들이 분노하는 것은 극히 당연하다.)

이렇듯 코로나19 바이러스란 놈은 우리 사회의 '미래'를 전면적으로 앗아가고 있다. 대중들이 '당장'의 어려움에 시선을 빼앗긴 사이에, 진짜 문제는 우리의 '미래'가 뿌리부터 흔들리고 있다는 점이다. 범사회적인 특단의 대책이 필요한 이유다.

시리도록 아픈 노년의 초상화

하루하루가 고통스럽고 참담하기는 노인들도 마찬가지다. 젊은 시절에 조국의 경제 발전을 위해 혼신을 다해 헌신했건만 세월이 흘러 이제 남은 것은 주변의 따가운 눈총과, 사회적 비효능감과, 시도 때도 없이 욱신거리고 쑤시는 아픈 몸뿐이다.

자연스럽게 한국의 노인들은 깊은 우울증을 달고 산다. 또한 내면화된 분노와 허탈감 역시 만만치 않다.

그나마 삶의 유일한 낙이라면 비슷한 처지에 있는 노인들끼리 동네 노인정에 둘러앉아 마음의 한탄을 쏟아내며 이심전심으로 공유하는 것이었다. 노인정에 나가면 점심도 해결할 수 있었다. 아쉬운 대로 하루를 때우기에는 안성맞춤이었다.

하지만 코로나19는 노인들이 함께 모일 공간을 마치 불도저가 초가집을 밀어버리듯 거침없이 파쇄해버렸다. 세상에서 유일한 안식처이자 도피처가 사라진 것이다. 어쩌면 근자에 더욱 심해진, 노인 세대의 사회적 일탈이 공적 영역으로 침입하고 전이하는 한 가지 이유가 여기 있을지도 모른다. 사랑방을 잃어버린 노인들이 광장으로 나올 수밖에 없게 된 것이다. 하지만 이들 산업화 세대가 광장으로 진출할수록 그에 비례하여 그들의 사회적 효능감과 입지는 더욱 위축될 수밖에 없는 것이 현실이다. 그야말로 어느 영화 제목처럼 '노인들을 위한 나라는 없'는 셈이다.

또한 이런 현실은 고작 수십 년이란 매우 짧은 기간 동안 전쟁, 군사 독재, 경제 개발, 민주화, 정보화 등 급격한 사회 변동을 한꺼번에 겪은 한국사회에서 각기 서로 다른 경험을 가진 여러 세대가 함께 공존하기가 얼마나 어려운지를 알 수 있는 대목이기도 하다. 결국 노인들을 위해서라도 가장 안전한 것은 그들만의 독립된 '공간'이 다시 원상 복구되는 것일지도 모른다. 과연 코로나19가 물러가고 다시 그런 날이 올 수 있을지….

정치와 이념

2020년 초 코로나19 1차 팬데믹이 시작되었을 때 정부 여당은 대구와 경북 지역에 국가가 동원할 수 있는 상당한 자원(의료, 방역, 행정, 재정)을 쏟아부었다. 심지어 국무총리가 그 지역에 상주하면서까지 방역을 진두지휘했다. 그 결과 대구 경북 지역은 예상보다 더 빨리 코로나19의 공습에서 벗어날 수 있었다.

그럼에도 대구와 경북 주민들은 (종북좌파 정권인) 정부 여당이 자신들을 차별한다고 생각했고, 결국 4월 15일에 치러진 21대 총선에서 총 25석 중 단 한 석의 의석도 더불어민주당에게 주지 않았다. 한국 정치에서 이념과 지역주의의 위력이 어떤 것인지를 분명히 볼 수 있는 장면이었다.

목숨보다 더 질기고, 은혜보다 더 질기고, 의리보다 더 질긴 것이 정치와 이념이다. 이 나라에서는 그렇다.

너무 질기다 보니 참으로 모질기만 하다.

방역과 정치

2020년 4월 15일에 치러진 21대 국회의원 선거에서 더불어민주
당이 미래통합당에 압승을 거둔 제1차 원인은 코로나19 확산을
성공적으로 저지했기 때문이다.

당시 정부 여당이 방역에 실패했으면 자칫 정권이 교체될 수도
있었다. 문재인 정부로서는 하늘의 가호가 따랐다고 하겠다. (팬
데믹 한가운데서도 음식점, 카페, 쇼핑몰 등에는 사람이 차고 넘쳤다. 이런
외중에 집단 감염이 거의 없었다는 것은 '은총'이란 단어 외에는 달리 설명
할 길이 없다.)

어느 정치인의 헛발질

한때 야당의 유력한 대통령 후보로 거론되던 어느 정치인은 지난 21대 총선에서 종로구에 출마한 뒤 자신의 지역에서 방역 활동에 앞장서겠다며 매일 이동용 소독기를 등에 메고서 횡단보도 바닥에 소독약을 살포하는 이벤트를 연출하였다. (오, 아까운 소독약이여!)

아마 그 정치인은 자신의 이런 행동이 민심을 움직여 표를 얻는 데 도움이 될 것이라고 판단했을지 모르지만, 그러나 대다수 국민들이 그 정치인을 '모자라다'고 생각했다는 것은, 어쩌면 끝까지 몰랐을 수도 있다.

이로 보건대 나쁜 정치도 문제지만, 모자란 정치도 문제다. 더 큰 문제는 대개 나쁜 정치인이 모자라기도 하다는 것이다.

한국사회를 성찰함

지방자치단체의 존재 이유를 묻는다

대구광역시는 2010년 무렵부터 '의료특별시, 메디시티 대구'를 대대적으로 홍보하며 시정의 주요 목표로 내걸었다. 한마디로 대구를 의료 메카로 만들겠다는 야심 찬 포부를 밝힌 것이다.

하지만 코로나19가 맨 처음 메디시티 대구를 강타했을 때 정작 250만 시민이 살고 있는 대구에는 공공의료원 1개(대구의료원), 역학조사관 1명, 국가지정 음압병상 10개가 전부였다. 겉으로는 메디시티를 표방했지만 실제로는 의료 관광을 앞세워 돈벌이에 치중한 탐욕스런 행정이 빚어낸 결과였다. 그리하여 확진을 받고도 입원할 병상이 없어 집에서 대기하다 사망하는 환자들이 속출했다.

이는 거대 도시의 정책이 공공의 이익을 추구하는 데서 벗어나 특정 정치인의 정치적 야심과 개인적 영달을 위한 디딤돌이나 수단으로 전락하면 도대체 무슨 일이 벌어질 수 있는지를 잘 보여주는 사례다. 1991년에 지방 자치제가 부활한 이후 30년의 세월이 흘렀다. 한국의 민주주의가 한층 더 발전하기 위해서는 더 늦기 전에 지방자치단체의 존립 목적과 이유를 좀 더 엄밀하게 물어야 한다.

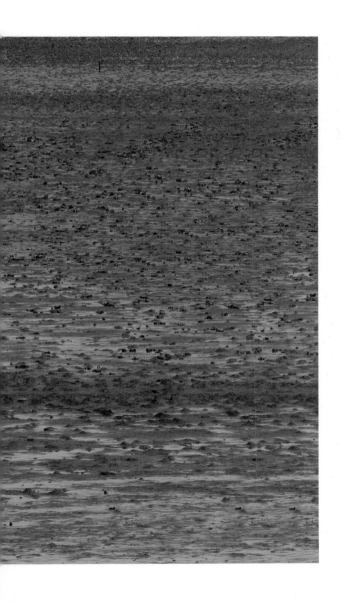

나
라

밖

일
들

침몰하는 일본

오랫동안 일본은 세계가 부러워하는 경제 대국으로 군림했다. (비록 잃어버린 30년이 있었을지라도) 아베 정권은 그 기세를 몰아 이참에 군사 대국으로 변신하려는 야욕을 기회가 닿을 때마다 숨기지 않았다.

그러나 2020년 현재 일본은 코로나19의 방역에 실패하며 사회전 부문에 걸쳐 고질적인 문제점을 적나라하게 노출하고 있다. 마친 커다란 군함이 태평양으로 침몰하듯 국가 전체가 가라앉는 형국이다. 국가 위기 앞에서 질서 정연함을 잃지 않고 대동단결할 줄 알며 위생 개념만큼은 정평이 난 일본이 어쩌다 이렇게 되었을까?

일본의 침몰을 상징적으로 보여준 사건이 코로나19 확산 초기에 아베 총리가 자신 있게 착용했던 (거즈로 만든) 마스크였다고 하면 지나친 풍자일까? 크기가 작은 데다 불편하기 이를 데 없는 아베노마스크(아베의 마스크)야 말로 코로나19에 대응하는 일본 정부의 역량과 진정성이 얼마나 허술했는지를 잘 보여주었다. 그런 면에서 비록 여전히 수많은 분야에 걸쳐 세계 최고 수준의 기술을 보유한 일본이지만 그러나 총리가 착용하는 마스크조차 제대로 못 만들어 낸 모습이야말로 오늘날 일본이 직면한 위기의 본질을 드러낸다고 할 수 있겠다.

일본이 코로나19의 대응에 무능력했던 이유는 복합적이다. 어떻게든 도쿄 올림픽을 개최해보려는 일념으로 방역에 소극적이었던 정부의 늑장 대응, 중앙정부와 지방정부 간의 엇박자, 일본의 고질적 병폐인 족벌 정치에서 비롯되는 폐단들이 함께 어우러져 이런 사달이 벌어진 것이다. 결과적으로 도쿄 올림픽은 연기 되었고(아마도 개최가 아주 물 건너갔다고 봐야 할 것이다) 사태는 걷잡을 수 없이 커졌다. 국민의 생명과 특정 정치 세력의 장기 집권 및 국가 위상을 맞바꾸려다 빚어진 참극인 셈이다.

하지만 실상 일본의 진짜 문제는 다른 데 있다고 봐야 한다. 일본의 결정적인 문제는 다름 아닌 국민이 정치에 별 관심이 없다는 것이다. 그런 이유로 일본에서는 여전히 무책임하고 비효율적인 정치가 기세를 부릴 수 있는 것이다. 아마 이대로 가면 일본이 진짜로 침몰할지 모른다.

우리에게는 영원히(?) 가깝고도 먼 나라일 수밖에 없는 일본의 현실은 깊은 잠에 빠져 있는 정치를 깨울 수 있는 유일한 주체는 깨어 있는 국민뿐이라는 사실을 잘 보여주는 반면교사와 같다.

일장춘몽으로 끝나가는 중국몽

'중국몽'(中國夢)은 시진핑 중국 국가 주석이 취임 직후 내세운 국가 비전이다. 이 중국몽을 달성하는 구체적인 방법이 '일대일로'(一帶一路 · One Belt One Road) 정책이다. 중국은 일대일로 정책을 통해 미국을 넘어 2050년 즈음에 세계 초강대국의 자리를 굳히겠다는 야심을 대내외에 천명했다.

여기서 일대(一帶 · One Belt)란 중국-중앙아시아-유럽을 하나의 경제 벨트로 묶겠다는 것이고, 일로(一路 · One Road)란 동남아시아-서남아시아-유럽-아프리카를 하나의 무역로로 연결하겠다는 것이다. 중국 정부는 이를 통해 팍스 아메리카나 시대를 끝내고 팍스 시니카, 곧 중국이 주도하는 세계 질서를 만들겠다는 야심 찬 계획을 대내외에 표명한 것이다.

하지만 중국 우한에서 시작하여 전 세계를 혼란과 공포의 도가

니로 몰아넣은 코로나19 팬데믹은 중국의 '꿈'을 가차 없이 허물고 있다. 지금 중국은 세계 질서를 주도하기는커녕 한순간에 세계의 왕따 국가로 전락했다. 심지어 코로나19를 핑계로, 중국에서 빌려간 돈을 못 갚겠다는 국가조차 등장하는 판국이다. 앞으로 국제 질서가 어떻게 흘러갈지 알 수 없으나, 특별한 변수가 없는 한 중국이 국제 질서를 주도하기가 얼마나 어려워졌는지를 엿볼 수 있는 대목이다.

여기서 흥미로운 지점 하나는, 중국이 일대일로 정책을 내걸면서 주요 협력국으로 지목했던 이란과 이탈리아 등이 코로나19 사태 초기에 가장 많은 사망자가 속출한 나라였다는 것이다. (8월 말 현재 이탈리아는 3만 5천 명 이상이, 이란은 2만 명 이상이 사망했다.) 중국-이란-이탈리아를 주요 거점으로 하여 일대일로 정책을 구현하려 했던 중국의 꿈이 보란 듯이 좌초된 것이다.

이 대목에 생각이 미치자 나는 불현듯 구약성경 시편 2편의 말씀이 떠올랐다.

"어찌하여 민족들이 헛된 일을 꾸미는가?…하늘에 계신 이가 웃으심이여, 주께서 그들을 비웃으시리로다"(시 2:1-4).

그러니 부디 세계 각국의 정부는 새겨 들을지어다. 하늘에 계신 분의 비웃음을 살 짓을 꾸미지 말기를.

새로운 인종차별

코로나19 팬데믹이 가져온 끔찍한 일 중 하나는 서구인들이 동양인들을 혐오하고, 경멸하며, 회피하는 일들이 다시 빈번해졌다는 것이다. 미국과 유럽의 곳곳에서 단지 동양인이라는 이유만으로 모욕, 구타, 따돌림을 당하는 사례가 곧잘 보고되고 있다. 이는 매우 심각한 인종차별이다.

코로나19로 다시 촉발된 서구인들의 아시아 인종에 대한 차별 행위는, 아시아인들이 제아무리 서구 사회에 깊게 뿌리를 내리고 성공적인 삶을 영위하는 것 같아 보여도 결국은 여전히 국외자이자 이방인에 불과함을 재확인시켜주었다.

피부색과 얼굴 모양은 인류가 그토록 심혈을 기울여 축적해온 도덕, 철학, 세계화, 고등 종교로도 지울 수 없는 지문이자 마치 천형과 같다. 자기를 우월한 인종이라고 착각하는 자들만 모를 뿐이다.

도토리 키 재기?

아시아인들 사이에서는 코로나19가 전적으로 중국인의 책임이라고 생각하지만, 서구인들은 코로나19가 오롯이 아시아인들의 책임이라고 생각한다.

그들의 눈에는 한국인, 중국인, 일본인, 베트남인, 몽골인 등은 단지 '아시아인'일 뿐이다.

어떤 목소리

서구인들의 공공연한 인종차별에 맞서 어느 아시아계 프랑스인은 '나는 바이러스가 아니다'(#jenesuispasunvirus)라는 해시태그 운동을 시작했다.

인류가 '나는 ~이다'를 말하는 대신 '나는 ~이 아니다'를 말해야 하는 세상은 이미 디스토피아다.

나쁜 종교와 나쁜 정치가 만날 때
무슨 일이 벌어지는가?

전통적으로 미국은 장례식을 매우 중요하게 생각하는 나라다. 그런 미국이 코로나19 팬데믹의 쓰나미 앞에서 처음부터 장례 시설과 공동묘지의 부족을 견디지 못하고 도로에 길게 늘어선 냉동 트럭에 사망자 시신을 집단 안치하는 광경은 보기만 해도 처참했다. 더욱이 초기에 사망자가 제일 많이 발생한 뉴욕주의 경우 브롱스 앞바다에 있는 하트 섬을 코로나19 사망자들의 임시 매장지로 활용해야만 했다. 당시 외신을 통해 보도된, 방호복을 입은 관계자들이 불도저를 앞세워 2미터 깊이의 땅을 파고 관을 층층이 쌓아 집단 매장을 하고 있는 모습은 보는 이들의 탄식을 자아내기에 충분했다.

미국의 사망자는 8월 28일 현재 18만 명을 넘어섰다. 제2차 세계대전 이후 미국이 참전한 전쟁에서 죽은 미군 사망자 숫자에 거의 두 배 가까이 근접하고 있는 것이다. (문제는 이 사태가 언제 끝날지 아무도 모른다는 것이다.) 그런데도 미국 대통령 트럼프는 연일 미국이 바이러스와의 전쟁에서 선방하고 있다는 어리석고 무책임한 말을 연신 떠벌리며 무능한 리더십의 극치를 보여주고 있다. 아마도 그는 미국 역사상 최악의 대통령으로 기록될 확률이 매우 높다.

문제는 이런 무능하고 어리석은 자를 국가 최고 수반의 자리에 앉히는 데 결정적인 공헌을 한 집단이 바로 미국의 복음주의 교회들이라는 점이다. 따라서 미국 우선주의, 백인 우월주의, 기독교 우세주의 이데올로기를 신앙처럼 떠받드는 교회가 이 사태의 단초를 제공한 뿌리라고 할 수 있다.

무능한 리더십하에서 쑥대밭이 된 미국의 현실은 나쁜 종교와 나쁜 정치가 동맹을 맺을 때 공동체의 삶이 얼마나 피폐해질 수 있는지를 잘 보여준다. 종교화된 정치와 세속화된 종교의 동맹, 이것이야말로 우리가 가장 조심해야 할 부분이다.

종교의　존재　이유

무식함

코로나19 팬데믹 초기에 경기도 평택의 어느 목사는 주일 설교 시간에 새로 임명된 국무총리의 이름이 '세균'이어서 이로 인해 바이러스가 급속히 확산되었다는 말을, 마치 자신이 무슨 대단한 신적 비밀을 알아내기라도 한 듯, 자신 있게 발설했다. (그리고 그 교회의 신자들은 '아멘'으로 화답했다.)

하지만 이 목사는 '세균'과 '바이러스'의 차이조차 몰랐던 것이다. 가장 기본적인 과학 지식도 없는 사람이 무슨 대단한 영계의 비밀을 중계방송하는 듯 우쭐댄 것이다. 이런 웃픈 현상은 한국교회 강단에서 비일비재하다.

신천지와 한국의 20대

질병관리본부가 2020년 5월 8일에 발표한 자료를 보면—당시는 신천지발 대규모 집단 감염이 대구 경북 지역을 휩쓴 직후다— 신천지 출신 감염자가 5,016명이고, 그중 20대가 2,967명으로 가장 많은 숫자를 차지하는 것을 볼 수 있다. 여기서 우리는 피할 수 없는 질문 하나를 마주한다. 왜 하필 대한민국의 20대가 신천지에 빠지게 되었을까?

기실 이 통계는 현재 한국의 청년들이 처한 암울한 현실을 반증하는 역설적 사례라고 할 수 있다. 스스로를 헬조선의 신민이라고 생각하는 한국의 대다수 청년들은 (극심한 취업난 등으로) 현실이 불안정하고, 미래가 불확실하며, 그 결과 자신의 존재에 대해 극도의 불안을 느끼고 있다. 이들 한국의 청년들은 자신이 어디에 '소속'되어 '무엇'을 하며 '가치' 있게 살아야 할지에 대한 답을 잃어버린 세대인 것이다. 즉 이들은 막대한 정체성 혼란에 빠져 있는 것이다.

그런 이 땅의 청년들에게 신천지는 모종의 해답을 던져준 셈이다. 주지하듯 신천지는 자칭 메시아 이만희를 따르는 소수의 사람들(소속감)에게는 영계의 비밀을 아는 권리(희소성)가 주어지고, 그 결과 오직 이들만이 세계 종말의 때에 구원받게(안정감, 희망) 될 것이라고 가르침으로써 방황하는 일부 청년 세대의 고민을 해결해준 것이다.

하지만 막상 신천지에 입교하게 되면 이들 가련한 청년들을 기다리고 있는 현실은 더욱 처참하고 가혹했다. 사회에서 취업과 구직을 위해 극단적인 과로에 시달리던 청년들은 신천지 안에서 이미 25만-30만 명에 육박한 경쟁자들을 물리치고 선택받은 숫자인 14만 4천 명 안에 들기 위해 '자신을 갈아 넣는' 헌신과 충성을 바쳐야 했다. 이렇게 해서 신천지라는 폐쇄 집단 안에서 혹사와 과로에 찌들어 면역력이 극도로 약해진 채로 집단생활을 하던 청년들 사이에 대규모 감염이 발생한 것이다. 그러므로 신천지를 중심으로 코로나19가 창궐했던 사태는 단순히 이단

사교만의 문제가 아니라 청년 문제라는 한국사회의 핵심 문제와
도 맞닿아 있는 셈이다.

여기서 간과하지 말아야 할 것은 기성 교회의 역할이다. 사실 신
천지를 이단으로 규정하고 비난하기는 쉽다. 쉬운 만큼 빠르고
편한 길이기도 하다. 하지만 그렇게 해서 문제가 근본적으로 해
결되는 것은 아니다. 오히려 우리는 과연 한국교회는 신천지가
제시하는 해답보다 훨씬 더 나은 대답을 이 땅의 청년들에게 제
공할 수 있는가를 물어야 한다. 그 대답을 찾는 길은 매우 고통
스럽고 지난한 여정이 될 것이다. 하지만 어려운 만큼 가치 있는
일임이 분명하다. 관건은 정말 그것이 가능하겠는가다. 미안하지
만 현재로서는 불가능해 보인다.

세상의 근심이 된 교회

서울 송파의 어느 교회에서 실제로 일어난 일이다. 이 교회를
오랫동안 담임한 극우 성향의 목사는 평소 자기네 교회는 절대
로 바이러스에 걸릴 일도 없고, 심지어 다른 곳에서 감염된 사람
조차 자기 교회에 출석하면 소위 성령의 불로써 깨끗하게 치료
된다는 이야기를 아무렇지도 않게 했다. 그 교회 교인들은 담임
목사의 말을 철석같이 믿고 정부의 방역 지침에 맞서 주일 예배
뿐 아니라 새벽 기도, 수요 예배, 금요 기도회를 열고 식사와 소
그룹 모임까지 진행했다. 그 결과 해당 교회에서 총 22명의 확진
자가 나왔으며, 그중에는 절대로 바이러스에 안 걸린다고 호언
장담하던 담임 목사도 포함되었다.

문제는 거기서 그치지 않았다. 코로나19에 감염된 것이 확인된
교인들 중에는 어린이집이나 보육원 운영자, 도서관 근무자, 학

교 급식 노동자 등 다중이 밀집한 장소에서 근무하는 자들이 여럿 있었고, 이들 확진자들과 접촉하거나 동선이 겹친 것으로 간주된 수많은 시민들이 검사, 감시, 격리, 치료를 받아야 했다. 자연히 이런 업무를 처리하기 위해 엄청난 행정 인력과 의료 인력과 경찰 인력이 투입되었다. 한마디로 사회적 비용과 손실이 어마어마했다.

그런데도 일반 시민사회와 유폐되어 살아가는 대다수 목사들은 자신이 예배당 강단 위에서 무책임하게 던지는 말 한 마디가 얼마나 큰 사회적 충격과 혼란과 에너지 낭비를 초래하는지에 대한 감이 없다. 사회적 감수성이 제로인 것이다.

그러면서도 입만 열면 '교회가 세상의 소금이고 빛'이라고 한다. 하지만 목사들만 모를 뿐 실은 모든 사람이 다 안다. 한국교회는 이미 맛을 잃은, 그래서 아무짝에도 쓸모가 없는 소금이라는 사실을 말이다. 맛을 잃은 소금, 그것은 세상의 희망이 아니라 근심일 뿐이다.

질문을 바꿔야

공공 방역을 위해 정부가 개신교회에 주일 오전 11시 예배 외의 기타 모임들을 가급적 중지해줄 것을 요구하자 개신교 측의 반발이 거셌다. 이때 개신교회가 내세운 논리는 크게 세 가지였다.

첫째, 왜 식당, 카페, 유흥업소'는' 영업을 하도록 내버려두면서 하필 교회만 문을 닫으라고 하냐는 것이었다.

둘째, (그 후 바이러스 확산이 심해져서 온라인 예배로 전환하도록 당부하자) 왜 교회를 식당이나 카페'처럼' 취급하느냐고 볼멘소리를 냈다.

셋째, 심지어 교회를 '영업장' 취급하지 말라는 주장까지 등장했다.

이런 주장의 이면에는 현 정부가 방역을 빌미로 교회를 핍박(탄압)한다는 생각(선입견 혹은 편견)이 자리하고 있다 해도 무방할 것이다.

하지만 이런 주장은 옳지 않다. 왜냐하면,

첫째, 유독 교회에서 집중적으로 확진자가 나온 것이 사실이고,
둘째, 교회 스스로 자신을 식당이나 카페나 유흥업소와 동등한 수준에 놓고 비교를 하는 것이며,
셋째, 각종 영업장에서 고단한 노동을 통해 얻은 수입으로 생계를 유지하고 세금을 낼 뿐 아니라 헌금을 바치는 신자들의 삶을 평가절하 하는 것이기 때문이다.

오히려 교회가 질문을 바꿨어야 옳다.
즉 왜 '우리만 갖고 뭐라 하느냐?'고 따지는 대신,
'왜 식당이나 카페보다도 교회의 공적인 역할이 취약했는지'를 물어야 한다.
질문을 바꿔야 답이 보이는 법이다.

코로나19 시대의 메모

코로나19 사태 와중에 개신교회가 와르르 무너진 것은 애초부터 질문이 잘못되었기 때문이다.

다니엘 형이 왜 거기서 나와?

어느 설교자는 대면 예배를 자제하라는 정부의 권고에 맞서 구약성경에 나오는 다니엘의 경우를 예로 들며 '목숨을 걸고 예배를 드리자'고 했다. 그 설교 영상이 담긴 유튜브 댓글 창에 달린 반응들은 '아멘' 일색이었다.

하지만 그 설교자의 성경 해석과 적용은 그야말로 최악이었다. 이는 구약성경 텍스트나 현재 한국사회라는 콘텍스트 모두에 비춰볼 때 자명하다.

첫째, 다니엘은 페르시아 정부의 우상숭배 정책과 맞서 싸운 것이지, 바이러스 감염을 저지하기 위한 공공 정책과 맞서 싸운 것이 아니었다.

둘째, 다니엘은 우상숭배 요구에 맞서 자신의 신앙을 지키기 위해 '홀로' 기도했지, 다중이 함께 모여 예배를 드리지 않았다.

셋째, 다니엘은 공공연하게 반정부 선동을 한 것이 아니라 오히려 바빌로니아와 페르시아 정부의 핵심 요직에서 충실하게 국가 정책을 수행했던 인물이다.

이렇듯 성경 본문을 조금만 자세히 살펴봐도 그 설교자의 주장이 얼마나 엉터리인지가 드러난다. 기실 그는 설교를 빙자하여 자신의 정치적 이념을 설파한 것이다. 그런데도 거의 대다수 청중들이 그것을 하나님의 말씀으로 착각한 채 환호하고 열광한다. 이런 현상이 비일비재한 이유는, 먼저는 신자들 스스로가 성경 자체를 스스로 읽고 해석해본 경험이 없기 때문이고, 그다음은 성경의 세계와 자신이 살아가는 세상을 정밀하게 연결해본 경험이 없기 때문이다. 그 결과 아주 기본적인 사유와 분별조차 못하는 것이다. 이로 인한 반지성주의가 교회를 망치는 주범이 된 지 오래다.

제발 이제부터라도 교회를 진정으로 살리는 길은 무조건 '아멘' 하는 것이 아니라 필요할 경우, 그리고 옳다는 확신이 설 경우 '노'라고 하는 데서 출발할 수도 있다는 점을 기억하자.

통성 문화에서 묵언 문화로

가톨릭이나 불교에 비해 개신교에서 압도적으로 많은 확진자가 발생하였다는 통계는 나 같은 개신교 신자의 얼굴을 화끈거리게 만든다. 정말이지 어디 쥐구멍이라도 있으면 숨고 싶은 심정이다.

타종교에 비해 개신교에서 월등히 많은 확진자가 나온 이유가 무엇일까? 크게 두 가지 원인이 주요 이유가 아닐까 싶다.

첫째는 개신교의 경우 일주일에도 여러 번씩 회합하는, 빈번한 모임 문화가 문제의 발단이 되었다. 아무래도 자주 모이다 보니 그에 비례하여 다수가 바이러스에 감염될 가능성이 훨씬 더 높을 수밖에 없었다.

둘째는 '큰 소리'로 기도와 찬양하는 것을 즐기거나 권장하는 개신교 특유의 '통성' 문화가 결정적 영향을 끼쳤다고 봐야 할 것

종교의 존재 이유

이다. 특히 코로나19 바이러스의 경우 주요 전파 통로가 '비말'이기 때문에 다중이 혼재된 상태에서 열정적으로 찬송과 기도를 하는 종교 문화는 치명적일 수밖에 없다.

사실 이번에 개신교가 입은 치명타는 단순히 코로나19에 감염된 사람이 많다는 것에만 국한되지 않는다. 오히려 더 큰 문제는 정부의 공공 방역에 맞서 투쟁하는 데 앞장서서 '큰 목소리'를 냈다는 것이 더욱 치명적인 요인이었다.

한마디로 이번에 개신교는 '떠들다' 망했다. "왜 우리만 갖고 뭐라 하느냐?", "왜 (대면 예배를 금지하여) 종교를 핍박하느냐?"고 목청을 낼수록 개신교에 대한 반감만 상승했다. 이는 차라리 침묵 모드를 택해서 시민들로부터 점수를 딴 가톨릭이나 불교와 비교해볼 때 더욱 극명하게 드러난다.

말을 해야 할 때와 입을 다물어야 할 때를 잘 가리는 것도 성숙한 사람이 지닌 미덕 중 하나인데, 개신교는 그 점에서 적나라하게 실패한 것이다.

그러고 보면 한국 개신교는 너무 말이 많다. 오죽하면 말을 잘

하는 사람일수록 교회 생태계 안에서 슈퍼스타 대접을 받을까.
하지만 진정한 종교는 오히려 '고요함'을 특징으로 하지 않을까.
유한한 피조세계가 무한한 초월과 조우할 때면 '앗'하는 비명 소
리로 충분하지 않을까. 성스러움이란 형언할 수 없는 깊은 침묵
의 동굴 안으로 두렵고 떨리는 여행을 떠나는 것이 아닐까.

차제에 한국 개신교는 묵언 수행을 배울 필요가 있다. 하나님
께 기관총처럼 쉴 새 없이 퍼부어대는 기도에서 그분의 나지막
한 음성을 듣는 기도로, 목사의 절제되지 않은 말들이 홍수를 이
루는 설교에서 그분의 뜻 한 마디를 가슴에 새기는 설교로, 요란
한 전자 악기의 지원을 받아 떼창을 부르는 찬송에서 내면의 거
문고 줄을 정성스럽게 뜯는 찬송으로 예배 문화가 바뀔 필요가
있다. 그리하여 욕망의 종교에서 자기 비움과 성찰의 종교로 성
숙해질 '당위'가 요구된다.

그리스도의 몸이란 진리

코로나19 팬데믹으로 인해 한국 개신교 전체가 큰 타격을 입었다. 어느 여론 조사에 의하면 2020년 들어 더욱 악화된 개신교인들의 부정적 이미지가 지극히 안쓰럽다. 시민들은 개신교인에 대해 '사기꾼' 이미지가 강하며 따라서 '거리를 두고 싶은 사람'이라고 대답했다. 교회가 시민사회와 막무가내로 '거리'를 둔 결과 이제 시민사회가 교회와 '자발적 격리'를 선택하는 형국이 펼쳐지는 것이다. 이게 다 교회의 자업자득이다.

사실 코로나19 사태 와중에 대다수 교회는 정부의 방역 지침을 성실하게 준수했다. 하지만 일부, 정말 극소수의 교회가 문제였다. 따라서 공공 방역에 적극 협력한 교회들 입장에서는 심히 억울할 만도 하다. 왜 일부의 문제를 전체의 문제로 비화시키느냐는 불만이 나올 법도 하다.

그럼에도 한국 개신교회는 반사회적 행위를 일삼은 몇몇 교회의 문제를 전체의 문제로 겸허히 받아들일 수 있어야 한다. 그리고 함께 책임을 느끼고, 함께 아파하며, 함께 부끄러워할 수 있어야 한다. 왜냐하면 결국 우리 모두가 '그리스도의 몸'이기 때문이다. 교회가 '나 하나만 잘하면 되지' 혹은 '너나 잘해라' 식의 사고방식을 갖는 것은 비성경적일 뿐 아니라 매우 위험한 발상이다. 모두가 '우리'라는 의식을 갖고 현재 한국교회가 처한 현실을 겸손히 받아들일 때에야 어쩌면 살길이 열릴지도 모른다.

앉아서(?) 성적이 쑥쑥

어느 날 문화체육관광부에서 근무하는 종무실장님이 우리 회사를 방문하셨다. 함께 이런저런 이야기를 나누다가 최근 문체부에서 일하는 각 종교 담당 공무원(종무관)들이 주고받은 이야기를 들려주셨다.

종무실장님 말씀이, 불교와 가톨릭을 담당하는 종무관들의 전언에 의하면, 코로나19 사태 중에 가톨릭과 불교에 대한 시민들의 선호도가 상당히 올랐다고 한다. 즉 불교와 가톨릭 담당 종무관들의 분석에 의하면 이 두 종교가 코로나19 사태 중에 딱히 별로 기여한 일도 없는데도 그냥 앉아서 호감도가 확 높아졌다는 것이다. 그 이유를 분석해보니, 개신교가 워낙 헛발질을 많이 해서 상대적인 이득을 많이 봤다는 것이다.

그 이야기를 듣는데 한편으로 얼굴이 화끈거리면서도, 다른 한편으로 부럽고 속상했던 기억이 생생하다.

악마를 봤다

개신교 극우 세력과 극우 정치 집단이 합동으로 8월 15일에 개최한 광화문 집회는 삽시간에 한국사회 전체를 혼란의 도가니로 몰아넣었다. 이로 인해 1차 팬데믹을 능가하는 가공할 2차 팬데믹이 시작되었다.

한편 광화문 집회를 주도한 것으로 알려진 성북구의 모 교회에 출석하는 어떤 이는 코로나19 검사를 받으라고 집까지 애써 찾아온 보건소 직원을 일부러 껴안은 채 비말을 뱉으며 "너도 한번 걸려보라"고 했다고 한다.

이 뉴스 기사를 읽는 순간 나는 '악마를 보았다.' 나쁜 교회에 비하면 바이러스의 존재는 어쩌면 별(?)것 아닐 수도 있다.

누가 더 문제인가?

1차 팬데믹 때는 신천지가, 2차 팬데믹 때는 사랑제일교회가 집단 감염의 온상이 되었다. 세상을 이롭게 해야 할 종교가 거꾸로 세상을 위험에 빠트린 것이다.

신천지 교주 이만희는 코로나19 바이러스가 신천지 안에서 확산된 것을 두고 "(신천지의 급성장에 질투를 느낀) 사탄 마귀의 농간"이라고 주장했다.
반면 사랑제일교회 담임 전광훈은 "북한에서 침투하여 바이러스를 살포한 것"이라고 했다.
이 두 사람 중에 과연 누가 더 비정상일까?
물론 이런 비교 자체가 무의미하지만 말이다.

만약에

흔히 역사에 가정은 없다고 한다. 그럼에도 우리는 지나온 길을 뒤돌아보면서 '만약에'라는 후회와 반성을 하지 않을 수 없다.

만약에, 만약에, 한국 개신교에 속한 교회들이 정부의 방역 지침과 공공연한 갈등과 마찰을 일으키는 대신, 비록 잠시 눈에 보이는 예배를 중단하더라도, 삶의 현장에서 질병으로 아픈 사람, 실직으로 고통당하는 사람, 장사를 망친 가게, 돌봄 노동이 필요한 시민들 곁으로 가서 그들의 이웃과 친구가 되어주었다면 어떻게 되었을까?

만약에 그랬다면 아마도 2020년은 한국 개신교가 다시 소생하는 결정적 터닝 포인트가 되지 않았을까? 허나 그런 일은 결코 일어나지 않았다. 애통한 일이다.

교회가 기도할 제목들

그럼에도 우리는 교회의 사명을 포기하지 말아야 한다. 비록 많이 늦었지만 지금이라도 교회는 지금부터 자신이 꼭 해야 할 일들이 무엇인지를 성찰하고 실천에 옮겨야 한다. 제일 먼저 교회는 기도를 회복해야 한다. 그럼 무엇을 기도해야 할까?

지금 이 땅에서 교회가 기도할 제목은 교세 유지, 헌금 입금, 오프라인 예배가 차질 없이 돌아가는 것, 그래서 교회의 물질적 토대가 어떻게든 유지되는 것이어서는 안 된다. 오히려 교회는 다음과 같은 제목을 놓고 진심으로 기도해야 한다.

- 방역과 치료의 최일선에서 사투를 벌이는 의료진들의 건강을 위해
- 과학자들이 하루속히 백신과 치료제를 개발할 수 있도록

- 위정자들과 공직자들이 공공선의 증진을 위해 최선을 다할 수 있도록
- 가난한 사람들이 생을 포기하지 않도록, 이를 위해 그들에게 합당한 지원이 마련될 수 있도록
- 국제 질서가 차단과 봉쇄로 치닫는 대신 상호 연대와 협력을 통해 인류 공동의 위기를 풀어갈 수 있도록
- 인류가 물질문명을 숭상하는 데서 벗어나 자연 친화적인 삶의 양식을 찾아갈 수 있도록
- 그리고 우리 자신이 분노와 허탈과 무기력감의 노예가 되지 않도록

기도해야 한다. 정말이지 우리는 지금 기도할 제목이 너무 많은 시대를 살고 있다.

나의 기도

주님,

하늘의 아버지시여!

자연과 인류가 함께 신음하고 아파하는

이 세상을 불쌍히 여기소서.

지구 전체를 거대한 바벨탑으로 만들어놓고

약육강식의 전쟁을 정당하게 여기며 살고 있는

우리의 어리석음을 용서하소서.

동료인 하나님의 형상들이 실시간으로 죽어가는 지옥 같은 현실에서

여전히 자기 의와 교만에 빠져

형제들을 증오하고 정죄하는 죄를 용서하소서.

그럼에도 우리에게서 이성과 분별, 희망과 믿음을 빼앗지 마소서.
그리하여 우리가 진정으로 어떻게 살아야 하는지를 알게 하소서.

권세자들과 부자들은 공공 의식을 갖게 하시고
사회적 약자들은 지나치게 근심하지 않도록 도우소서.

그리스도인들에게는 세상의 고통을 볼 수 있는 눈을 주시고
교회에게는 세상의 원성을 들을 수 있는 귀를 주시며
목사들에게는 말을 가려서 할 수 있는 입술을 주소서.

공중의 새도 먹이시고, 들꽃도 입히시는 분께서
땅의 가난한 자들을 부디 굽어살피소서.

우리가 저 죽어가는 세상의 모든 슬픈 자들을 위해
진정으로 애통할 수 있는 사람의 심장을 갖게 하소서.

아픈 자들은 치유하시고
죽은 자들에게는 안식을 주시고

산 자들에게는 평화를 주소서.

공포와 혐오의 바이러스 물결이 세상을 집어삼키지 않도록
우리의 마음에 신뢰와 용기라는 백신을 처방하소서.

우리의 몸과 삶이 죄의 숙주 노릇을 하지 않게 하시고
다만 정의와 사랑의 병기가 되게 하소서.

이제부터라도 지구촌 가족 모두가
새로운 문명과 삶의 양식을 정립해 갈 수 있는
꿈과 통찰력을 허락하소서.

이를 통해 우리가 다음 세대에게
여전히 아름다운 지구를 물려줄 수 있게 하소서.

예수 그리스도의 이름으로 기도합니다.
아멘.

추
기

코로나19 팬데믹 앞에서
한국 개신교가 실패한 한 가지 이유

창조주 하나님은 '무소부재'하신 분입니다. 즉 시간과 공간의 제한을 받지 않는 분입니다. 그렇지만 피조물인 사람은 시간과 공간의 한계 속에서 살아갈 수밖에 없습니다. 그래서 무한한 하나님은 유한한 인간에게 특정한 공간(예배 처소)과 시간(주일)을 지정해주시고, 그 시간과 공간을 통해서 그분을 '기억'하며, 그분이 하신 일을 '기념'하고, 그분 자체를 '기뻐'하도록 했습니다. 그리스도인들은 이를 가리켜 '예배'라고 합니다.

그런데 대다수 그리스도인들은 무소부재한 하나님께서 유한한 인간을 위하여 특정한 공간과 시간을 배려해서 자신을 기억하고 기념하며 기뻐하도록 배려해주신 것을 망각하고, 오히려 무한한 하나님을 유한한 시간과 공간 안에 '가둡니다.' 그래서 하나님을 만나려면 특정한 시간에 특정한 공간으로 와야만 한다고 합니다. 혹은 하나님은 특정한 시간에 특정한 공간에서 더욱 활동적으로 존재한다고 합니다. 시간보다, 공간보다 훨씬 더 크신 하나님을 거꾸로 시간과 공간에 결박된 존재로 만드는 것입니다. 이렇게 해서 주일 예배가 우상화, 절대화, 이데올로기화 됩니다. 즉 모든 시간과 공간의 주인이신 절대자 하나님은 사라지고, 오히려 특정 시간과 공간 안에 포획된 왜소한 하나님이 예배의 대상이 되십니다.

하지만 여기서 조금 더 깊이 생각해보면, 과연 이런 식으로 왜곡되고 축소된 하나님에 대한 이해가 정말 하나님을 예배의 주인으로 만드는 것인가 하는 점입니다. 형식적으로는 그렇게 보일지 몰라도 그러나 내용적으로 보면 이렇게 해서 변질된 하나님 개념은 실제로는 예배의 실질적인 주인조차 바꿔버린다는 것을 어렵지 않게 알 수 있습니다. 무소부재한 하나님을 특정 공간과 시간에 포박된 하나님으로 만들어버릴 때 실제로는 무슨 일이 일어날까요?

첫째, 그 특정 시간이 충성의 대상이 됩니다. 둘째, 그 특정 공간이 애착의 대상이 됩니다. 셋째, 그 특정 시간과 공간에서 행해지는 예배를 집례하는 특정 인물이 주목의 대상이 됩니다.

이렇게 해서 특정 시간, 곧 주일날 중에서도 11시 예배가 다른 예배들을 제치고 무려 '대예배'로 등극합니다. 또 특정 교회에 가서 예배를 드려야만 더욱 '은혜'가 된다는 생각이 폭넓게 자리를 잡습니다. 그리고 특정 교회에서, 주일 11시에 예배를 집례하는 특정 인물이 매우 중요한(영험한) 인물로 자리매김합니다. 바꿔 말하면, 특정 교회에서, 특정 시간에, 특정 인물의 설교를 듣지 않으면 그날은 예배를 드린 것 같지 않은 공허함 혹은 서운함이 그 교회 신도들의 마음을 지배하게 됩니다. 이것이 자칭 한국의 유명 교회, 일류 교회, 명품 교회라고 하는 곳을 출석하는 신자들의 내면에 자리한 종교적 허위의식의 실체입니다.

(이런 점에서, 자신이 집전하는 '대면 예배는 생명과 같은 것이어서 절대 타협할 수 없다'라고 주장하는 '담임 목사'들이 과연 부목사나 전도사들이 인도하는 기타 시간에 드려지는 예배에 대해서도 '생명'과 같이 생각할지 심히 의문입니다.)

따지고 보면 이런 신학적 변용, 더 나아가 신학적 타락 속에서 탄생한 것이 바로 한국의 대형 교회 '신화'들입니다. 그리고 그 대형 교회들을 간절히 모방하며 또 다른 대형 교회가 되기를 앙

망하는 수많은 교회들도 마찬가지입니다. 겉으로는 무한한 창조주 하나님을 예배한다고 하지만, 실제로는 유한하고 협소한 시간과 공간 안에 결박되어, 특정 인물을 통해서만 자신을 계시할 수밖에 없는 굴절된 하나님 상(image)을 믿음으로써, 그 특정 인물이 지배하는 특정 지역의 특정 교회가 경배와 신앙의 자리에 등극한 것, 그것이 바로 한국교회가 타락한 가장 결정적 원인입니다.

따라서 우리가 한국교회를 변화시키려면 제일 먼저 특정 시간에, 그리고 특정 공간에 갇혀서, 특정 인물을 통해서만 자신을 계시하신다는 종교적 이데올로기의 새장에 갇혀 있는 하나님을 '풀어드려야' 합니다. 그래서 그분이 인간이 만든 건물과 시간 안에서 탈주하여 본래의 무소부재한 자리로 돌아가시도록 해야 합니다. 이것이 하나님을 하나님 되게 해드리는 것입니다. 그리고 우리가 진정으로 하나님은 모든 시간과 공간 '안에', 더 나아가 모든 시간과 공간을 '초월하여' 계시는 분이심을 믿는다면, 우리 역시 일체의 시간과 공간에서 즉 '일상 전부'를 통해서 그분을 '기억'하고, '기념'하며, '기뻐'하는 삶을 살아야 합니다. 곧 우리의 존재 자체가 살아 있는 '성전'이 되며, 우리의 삶 자체가

'예배'가 되어야 합니다. 달리 말해 우리가 행하는 일상다반사, 즉 먹고 마시고 쉬고 놀고 일하고 잠자고 사랑하며 기뻐하고 애도하는 모든 것들이 하나님께 바치는 예배와 같은 성스러움을 띠어야 합니다.

그렇지 않고 여전히 하나님을 특정 시간, 공간, 사람의 창살 안에 가둬두면 한국교회는 결코 개혁될 수 없을 겁니다. 교회 개혁이란 단순히 재정을 투명하게 하고 합리적인 정관을 만드는 것 정도가 아니라 교회가 서 있는 신학적 지반 자체를 바꿔야만 가능한 것입니다. 한국교회는 신론, 그리스도론, 성령론, 교회론 등 바뀌어야 할 것이 많지만 우선 당장 신론부터 실천적으로 재정립할 필요가 있습니다.

코로나19 시대의 메모

Copyright ⓒ 김요한 2020

1쇄 발행 2020년 9월 18일

지은이 김요한
펴낸이 김요한
펴낸곳 새물결플러스

편 집 왕희광 정인철 노재현 한바울 정혜인
       이형일 나유영 노동래 최호연
디자인 윤민주 황진주 박인미 이지윤
마케팅 박성민 이원혁
총 무 김명화 이성순
영 상 최정호 곽상원
아카데미 차상희

홈페이지 www.holywaveplus.com
이메일 hwpbooks@hwpbooks.com
출판등록 2008년 8월 21일 제2008-24호
주 소 (우) 04118 서울시 마포구 마포대로19길 33
전 화 02) 2652-3161
팩 스 02) 2652-3191

ISBN 979-11-6129-174-1 03230

책값은 뒤표지에 있습니다.

이 도서의 국립중앙도서관 출판예정도서목록(CIP)은 서지정보유통지원시스템
홈페이지(seoji.nl.go.kr)와 국가자료공동목록시스템(nl.go.kr/kolisnet)에
서 이용하실 수 있습니다. CIP2020038071